# 本当の武士道とは何か

## 日本人の理想と倫理

菅野覚明
*Kanno Kakumyo*

PHP新書

# まえがき

「武士道」という言葉は、広く人口に膾炙しております。海外でもよく知られています。しかし、この「武士道」を、皆さんはどのようなものだとお考えでしょうか。よく「日本には武士道の道徳がある」などともいわれますが、では、実際にどのような道徳なのかと聞かれて、わかりやすく説明できる方は、どれほどいらっしゃるでしょうか。

巷間、多くの武士道の書物や、あるいは武士に関する小説が出回っています。しかし、現代人が書いた武士道に関する書物の多くは、実際に武士が語った原典をほとんど読まぬまま書かれているようです。

たとえば、『葉隠』について語っているものを読むと、『葉隠』のさわりともいえる「死ぬことと見つけたり」というところだけで話を済ませているケースがほとんどです。『葉隠』は、佐賀藩士・山本常朝（万治二年～享保四年、一六五九～一七一九）の談話を、同じく佐賀藩士の田代陣基（延宝六年～寛延元年、一六七八～一七四八）が、宝永七年（一七一〇）から享保元年〈一七一六〉にかけて筆録したものとされますが、実は十一巻という膨大な量があります。しかも、一三〇〇項目以上にも上るエピソードの多くは、思想的な言葉というよりは、武士の行ない、職務、日常生活、教養などについての細かな記録を集積したものです。しかし、その部分に立ち入って議論する人はほとんどいません。

武田信玄・勝頼二代の事績、合戦、軍法、心構えなどを記した『甲陽軍鑑』も、正統の武士道の書物ですが、これに至っては、正面からとりあげているものは、ほんのわずかしかありません（『甲陽軍鑑』は江戸初期に成立。武田家の家臣・高坂弾正虎綱〈大永七年～天正六年、一五二七～一五七八〉の遺稿を、江戸初期の軍学者・小幡景憲〈元亀三年～寛文三年、一五七二～一六六三〉が編集したものとされます）。

しかし、かつて実際にこの世に存在していた「武士」は、命を懸けて戦う人々であり、それゆえ、事実確認から入ることを何より重んじていました。事実をおろそかにすれば、勝てる戦いも勝てないことはいうまでもありません。そのような「武士」を論ずるのに、実際に武士が語った原典を確認しないのは、やはり、どう考えても問題です。

歴史小説、時代小説の分野でも、武士の姿をかなり正確に描いているものと、武士をむしろ近代的な感覚で描いているものとがあります。そこから武士の生き方を思い描いてしまうと、武士の実像を大きく見誤ることになります。

たとえばある小説には、主君の前に出るのにヨレヨレの格好をして風呂にも入らず、主君から臭いといわれるような武士が登場します。いろいろ理由は書かれていますが、しかし、現実にはそんな武士などいたはずがありません。もし、そんなことを主君からいわれようものなら、それだけで切腹です。武士は、身だしなみの乱れや、いい加減な振る舞いをとても嫌います。

ただし、例外的に無作法が許されるような場合もあります。たとえば『葉隠』には、式日に殿に拝謁する際、いつも一人だけ礼をせず、大勢のなかで伸び上がっている武士の話があります（聞書七の一三）。彼は、殿から「新左衛門めでたい」と声をかけられたときだけ礼をしたといいます。これは、どんなときでも自分は殿の身辺を警戒して目を離さないという覚悟から出た振る舞いです。また、山本常朝の父は、家来たちにいつも、「博打をうて、虚言をいえ、一町歩くうちに七度虚言をいわねば男は立たぬ」と言い聞かせていたそうです（聞書八の一四）。まともな人間では大きなことはできないという考えからだったといいます。

これらはいずれも、強くて実績のある武士だからこそ許されるもので、『葉隠』は、そういう武士を、「曲者」と呼んでいます。しかし、曲者が百も承知で異様な振る舞いに及び、それが許されるというのは、あくまでも特例です。『葉隠』でも、基本はもちろん、すべてにおいて礼儀正しく、きちんとすべきであるとされています。

今日の小説で、前述のようなだらしない格好をした武士が描かれるのは、「人間らしさ」という、まさに近代的な感覚を入れているのかもしれません。しかし、本物の武士たちには、「人間らしさ」などという考えは、もちろんありませんでした。武士は武士らしい武士になることをめざしていたのです。

司馬遼太郎の小説もとても人気がありますが、武士道の観点からいうと、彼の小説は武士道と真っ向から対立する価値観に立っています。

第五章で詳述しますが、司馬遼太郎の思想の根本は、進歩主義・近代的合理主義です。もちろん、合理性を無視しては戦いに勝てませんので、それを一概に悪いとはいいません。武士も功利性や合理性を持ちあわせてはいました。

しかし古い武士たちには、功利主義や合理主義よりも、はるかに大切にしていた精神や価値観がありました。司馬遼太郎は、そのようなものを時代遅れの迷妄として否定します。そして、古い武士を乗り越える合理主義的な発想によって明治という時代が切り拓かれ、日本は清国やロシアに勝てたのだと描いてみせます。

それはそれで一つの立派な思想ですが、これは明らかに武士道とは相反する思想といわざるをえません。

では、小説で武士道らしいものは何か。私の見るところ、池波正太郎の『鬼平犯科帳』の長谷川平蔵や、『剣客商売』の秋山小兵衛などは、特に平和な江戸時代の武士道の精神をよく伝えているように思われます。浅田次郎は『壬生義士伝』で、時代から取り残された古き武士道を同情を持って取りあげています。

少し輪郭が見えてきたと思いますが、私が本書で論じたい武士道とは、あくまでも実際に現場で刀を振るって血まみれになり、武士として生き抜いてきた人々が形づくった「現場の感覚から出た思想」、すなわち、本当の武士道です。

現場の感覚をふまえた武士道が、どういうものであるか。その道徳がどのようなものか。そして、それらが現代を生きる日本人にいかなる「力」を与えてくれるのか。それを、できるかぎり平明に伝えたいと思います。

# 本当の武士道とは何か

## 日本人の理想と倫理

目次

## 第二章　「道」の思想と日本人の哲学――同一性と精神性

## 第三章　「最強の武士」になるための奥義――やさしさと強さは一つである



## 第四章　『朝倉宗滴話記』の思想――「手の外なる大将」の嘘と真実

## 第五章　武士道の敵は司馬遼太郎――「功利」「損得哲学」の行き着く先

## 第六章　日本人が本当に望み、理想とした生き方――皇室とサザエさん

# 第一章　「本当の武士道」とは何か――脇差心と死に狂い

## 血なまぐさい現場から出てくる思想

「武士道」という言葉は、わかったような、わからないような言葉です。

この言葉は、分解すると「武士」という言葉と「道」という言葉の二つからできています。ですから、武士道とは何かと問うならば、「武士とは何であるか」「道とは何であるか」の二つのことがわからなければなりません。

この二つのうち、「武士」のほうは割合とイメージしやすいはずです。なにしろ昔、現実に存在していた人たちなのですから。

ひと言でいうなら、日本の伝統的な戦闘者、戦う者が武士です。「武士」というものを、まじめに定義しようとすると、ずいぶんとややこしい話になりますが、とにかく「戦闘する」という要素がなければ武士とはいえないことは間違いありません。

ただし、武士は戦闘者ではあるものの、単に戦闘技術を売る用心棒や、根無し草の山賊のような戦闘者とは、性格を異にします。武士は「戦う生活者」です。決まった土地に住み、妻子や家族や、場合によっては郎党（従者）や領民を抱え、逃げも隠れもできない。一族郎党や領民の生活を守るために、日頃から「武」を磨き、戦うことによって自分の人生を生きていく。時として、自分より勢力が強い有力者に従うことで一族郎党を守ることもありますが、その場合には自分が仕えた主君のために戦い、その働きに応じて恩賞をもらうことで生きていく。それが一番簡単な武士の定義でしょう。

では、彼らはどのような「覚悟」や「道徳」を胸に生きていたのか。それを考えるための参考として、一つ『甲陽軍鑑』に記されている有名な事例を挙げましょう。

あるとき、武田信玄の家来の二人、関東牢人あがりの赤口関(あこうぜき)左衛門と上方牢人の寺川四郎右衛門が喧嘩沙汰(けんかざた)を起こしました。寺川が赤口関の胸ぐらを摑んで壁に押しつけたのに対し、赤口関が反撃して脾腹(ひばら)（わき腹）を蹴りつけ、寺川が気を失うという顚末(てんまつ)です。

このとき、武田信玄は二人をいかに裁いたか。

実は、このとき信玄は、双方を死刑にしました。その理由は、喧嘩に際して、どちらも刀を抜かなかったからです。

武士が胸ぐらを摑まれたら、それはもう喧嘩ではなく、戦(いくさ)であると認識しなければならない。にもかかわらず、刀を抜かなかったというのは、要するに命の安全を保障したうえで喧嘩をしていることである。命の安全を保障したうえでの戦いなど、武士にはありえない。その時点で、武士道失格だというのです。

とにかく武士は、何か身に迫る問題に直面した瞬間に、刀を抜き、人を斬る覚悟を持っていなければいけない。その精神を「脇差心」といいます。

『甲陽軍鑑』には次のように書かれています。

《わきざし心なきは、一向のわらはべなどのいさかひといふ物也。抑〳〵男が四十・五十にあまり、赤口関左衛門・寺川四郎右衛門などゝ、官途・受領まで仕る侍が、いさかひなどあるは他国の批判もいかゞ。きはめては信玄が家の瑕になる事なりとて、廿人衆・小人衆に仰つけられ、両人ながらめし取（召し捕り）、耳鼻をかきて諸侍にみせ、かり坂（雁坂）をこさせよと有事にて、坂際にてふたりながら頸をきらるゝ也》（『甲陽軍鑑』品第四十七、甲斐志料刊行会『甲斐志料集成〈九〉』大和屋書店）

脇差心がないのは武士ではない。刀も抜かない喧嘩は、子供や町人がする諍いのようなものである。いい歳をして官職名までもらっているような武士が諍いをするなど、他国から笑われるであろうし、武田家の瑕になる。信玄はそういって、二人の耳と鼻を削いで見せしめにしたうえで、「雁坂峠を越させよ」と命じ、峠の手前で二人の頸を刎ねさせたのです。

こういう輩（やから）を生かしておいたら、武田家の武士道自体が衰弱する。それが、信玄の理屈でした。

これほど血なまぐさいリアルな現場から出てきている思想は、近代の武士道の理論には出てきません。新渡戸稲造（にとべいなぞう）が書いた『武士道』も、実は本当の武士道とはいえません。新渡戸自身も本当の武士道だとは思っていない。武士道の名前を借りて、日本人が大切にしてきた道徳の話をしているのです。外国人向けに説明するときには、「日本の道徳は武士道からきている」といえば、すぐに納得してくれます。

つまり実際のところ、新渡戸は、キリスト教と同じような、文明国の道徳が日本にもあったことを、外国人に対してわかりやすく主張したかった。それで武士道を持ってきたのです。しかし、実際の武士道とは、「脇差心」に端的に表われている戦闘者の道徳なのです。

## 「道」を発見すると道徳が生まれる

「武士」がイメージしやすいのに対し、わかりにくいのは「道」という概念です。

なるべく平明に説明するならば、次のようになるでしょう。人間は皆、一人ひとりそれぞれに生きています。その一人ひとりが生きていくことを「歩くこと」にたとえた場合、その人生を歩いていく足跡がすなわち、一人ひとりの「道」です。「道」の上に立たなければ、人は歩けません。つまり、「自分の生きていく拠り所」という意味が「道」にはあります。

誰もがその上を歩いているという意味で「道」は普遍的ですが、しかし大勢の人が道路を歩いても、一人ひとりの足跡がぴったり重なることはありません。一人ひとり全部違いますが、それでも皆、同じ人間として生きている。同じ大きな道路の上を一人ひとりが、それぞれ様々な歩き方で歩いている。

別のたとえを用いるならば、山岳を登るのに、道がそれこそ無限というほど、歩く人の数だけ幾筋もあるようなイメージでしょうか。

これが「道」の一番基本のイメージです。普遍的な「道」を、それぞれが、わが道として生きている。古来、日本人はこのようなイメージで、人生の意味を考えようとしてきました。

「自分は魚屋という道を歩く」「自分は武士という道を歩く」あるいは「自分は学問の道をめざす」というように、自分の歩く道筋を自覚することが、一人ひとりが「道」に目覚めることであり、これを「覚悟」といいます。

「自分はこのように生きる」「自分は、こういうものだ」と決めたときに、そこに自分の

「道」が開けてきます。たとえば、「自分は武士として生きる」と覚悟したとき、そこで見えてきた道のことを「武士道」と称します。

自分の「道」を発見すると、自ずからそこに道徳が生まれます。なぜなら、「自分は魚屋としてやっていくのだ」と決然と自覚したとき、ほとんどの人間が「どうせなら、いい魚屋になろう」と考えるはずだからです。すると、そのことが「目的」となり、そこに向けての努力が生まれます。

いい魚屋になるためには、お客様に喜んでもらわねばなりません。そのためには、お客様に嘘をつくようなことがあってはいけませんし、より良いものを適正な価格で提供しなければなりません。「いい魚屋になる」ために次々と考えていけば、自ずと、そこに規範や道徳が生まれてくるのです。

同じように、「自分は武士だ」と決めたならば、「立派な武士」になりたいという考えが芽生えるはずです。そして「立派な武士」になるための規範や道徳が、自ずから生まれてくる。それが「武士道」というものです。

## 武士道は死狂ひせ

「道」の考え方については、第二章でさらに詳しく見ていくこととしますが、ここで留意いただきたいのは、魚屋道と武士道とでは、目的が少し違っているということです。

魚屋も武士も、「立派なものになりたい」という考えは同じだとしても、立派になるなり方が違います。もちろん、人の生きる道である以上、共通するものはたくさんある。しかし当然のこととして、魚屋と武士とでは、求めるべきものが大きく違ってきます。

武士の場合、めざすべきものは「強くなり、戦いに勝つ」という姿です。戦闘者である以上、これは当然のことです。その意味では、武士の思想はわかりやすい。「自分は武士として生きていく」と覚悟した人間で、「弱い武士になろう」と思う者はいないはずです。

戦いに勝たなければいけない。強くなければならない。だから、武士道の思想は、けっして「きれいごと」ではありません。そこには道徳的な要素が多分に含まれますが、それらの根本は、やはり戦いの現場から出てきたものです。

「現場から出てきたもの」であるというのは、「道」のとても重要な特徴です。実生活のなかから出てこない道徳や知恵が、所詮は付け焼き刃だということは、どの世界にも共通することだからです。

たとえば「武士道」の道徳規範として、「誠」や「忠」や「孝」というものが挙げられることがありますが、これらも、現場からの知恵を吸い上げて、これらの言葉に昇華させたものにほかなりません。

佐賀藩士・山本常朝の『葉隠』の「聞書一の一一四」では、「忠孝」について次のように語られます。

《武士道は死狂ひ也、一人之殺害を数十人して仕兼る物也、と直茂公被仰候。本気ニ而は大業はならす。気違ニ成て死狂ひする迄也。又武士道ニおゐて分別出来れハ、早おくるゝ也。忠も孝も不入、武士道ニ於ては死狂ひ也。此内ニ忠孝ハ自籠るへし。

［現代語訳］

「武士道とは『死に狂い』である。一人の殺害に数十人でも手こずるものだ」と直茂公はおっしゃった。分別があっては大きな仕事はできない。分別を捨て、死を決して奮戦するまでだ。また、武士道において分別が出てくると、早くも他人に遅れをとるものである。忠だの孝だのはいらない、武士道ではとにかく自ら死地に突入することである。そうすることのうちに忠や孝は自然と含まれてくるはずだ》（『新校訂 全訳注 葉隠』菅野覚明、栗原剛、木澤景、菅原令子訳・注、講談社学術文庫。以下、『葉隠』の引用は同書による）

直茂公とは、佐賀藩の基を開いた藩祖・鍋島直茂のことです。常朝は当然のこととして、理想の武士像を鍋島直茂に投影していますが、その鍋島直茂の言葉を借りて、「忠も孝も不入、武士道ニ於ては死狂ひ也。此内ニ忠孝ハ自から籠るべし」と喝破するのです。「忠孝」という理屈はいらない。理屈ではなく「死に狂い」するなかにこそ「忠孝」は存在するということです。

ここに挙げられている「一人の殺害に数十人でも手こずるものだ」という言葉からは、とてつもない現場のリアリティが伝わってきます。たしかに、誰しも討たれたくはありません。生きるか死ぬかの段になったら、火事場の馬鹿力を発揮するはずです。しかも、それが手練れの武士であったなら、鍋島直茂のいうとおり、数十人でかかっても苦労するのは明白。まさに眼前で血と肉が飛び散り、一瞬でも気合い負けしたら自分が討たれかねない修羅場になるはずです。

そのような凄惨な現場に直面した場合、弱い者は自分の命が惜しいので、腰が引けたり、真っ先に逃げてしまうかもしれない。まさに「死に狂い」で最後まで戦い抜けるような強い勇者でなければ、「忠孝」などの道徳も貫けるはずがありません。

『葉隠』のいう「死に狂いのうちに忠孝は自ずから籠る」という言葉は、このような現場をきちんと引き受けられる武士の強さこそが、理屈ではなく、実際に「道徳」を顕現するのだということを意味しているのです。

## なぜ「清潔な美しさ」を重んじるのか

「金持ち喧嘩せず」という言葉がありますが、実力があって自信がある人間は、馬鹿なことはしないものです。道徳が身につかないのは、実力がなく自信がない人間です。要するに、弱いから、卑怯なことや馬鹿なことをするのです。

道徳ばかりでなく、美学も同じです。

たとえば武士の美学として「清潔さ」「きれいさ」という言葉を挙げることができます。真の武士たる者、華美を好むというより、端正で清潔な美しさを好む。しかし、それは単なる趣味からきているのではありません。やはり、強さと結びついています。

自衛隊のような組織に行くとわかりますが、軍隊は掃除ばかりするところです。兵器から軍服まで、丁寧に手入れをしてピカピカに磨き上げていきます。

なぜ掃除をするのか。それは、戦闘者とは「見る存在」であるからです。見る力が強いほど、その武士は強い。つまり、相手の油断や隙（すき）を見つけられるかどうかです。隅々まで神経が行き届いていなければ、相手の油断や隙は見つけられません。

逆に、自分も敵から見られています。敵が自分を見る力と、自分で自分を見る力との、どちらが勝っているか。そこが勝負の分かれ目になります。

もし敵の力が勝っていたら、自分の隙を衝かれてしまうでしょう。だから、隅々まで神経を行き届かせて、敵以上にじっくりと見詰めることができるよう、日頃から鍛錬（たんれん）を積まなければならないのです。

実は、掃除とはそういうことなのです。隅にホコリがあることに気づくか、気づかないか。新兵などは、一生懸命磨いても古参兵から「まだ汚い」といわれる。それは、古参兵のほうが見る力量が上だからです。日常の掃除によって、見る力を養っているのです。

武士が端正、清潔を好むというのは、隅々まで神経を行き届かせることと同義であり、すなわち「生きるか死ぬかの戦闘の現場」での強さに直結するものなのです。

## 「強さ」が失われた現代

ところで、われわれが生きている現代は、どういう時代でしょうか。いろいろな説明の仕方ができるでしょう。ただ、「武士道」というテーマに沿って考えるならば、端的に「強さというものが見失われている時代」だといえるのではないでしょうか。

よく、日本の政治や外交について「平和ボケ」という言葉が用いられますが、要するに現代日本は、あらゆる面において「強さというものの値打ち」を見失っているように思えてなりません。

現代日本では、いじめや児童虐待がしばしば問題になります。なぜ、小さい子供を虐待したり、弱い者をいじめたりすることが起こるのか。もちろん、いろいろな原因があるのでしょう。しかし、直感的にいえるのは、いじめたり虐待したりする人は「強さが足りない」のです。

たとえば、赤ん坊が夜泣きをして眠れない。そのようなことは、昔からよくあることです。しかし、そのくらいのことで若い親が子供を殴ったりするのは、要するに辛抱が足りないのです。小さい子供の親になるくらいの年齢の若い大人だったら、普通は少しぐらい眠れなくても、翌日、頑張って仕事をこなすことでしょう（実際、そういう人が大多数であるはずです）。

子供に手を上げてしまうような人は、「ついついカッとなってしまって」と、言い訳をいうかもしれません。しかし、「三日くらい睡眠不足になっても、身体も精神もビクともしない」というくらいの人であれば、愛するわが子が少しばかりぐずついたところで、カッとなるどころか、まったく余裕の表情を浮かべられるはずです。

野球の試合でもそうでしょう。実力も精神力も兼ね備えた投手であれば、少しくらい仲間の野手がエラーをしても動じず、むしろ、だからこそ相手の打者を自分の力で討ち取ってやるという気魄（きはく）で向かっていき、良い結果を残せる。しかし、そのような実力や自信がない投手は、ついついカッとしてエラーをした野手を責めたり、頭に血が上ってバランスを崩したりして、相手打線に打ち込まれてしまったりする。そして試合後の反省会では「あいつがエラーをしたから」などと責任転嫁さえするかもしれません。

つまり、カッとなってしまうというのは、その人の身体や精神が、ちょっとしたことに持ちこたえられないくらい弱いということです。我慢ができないというのは、つまり強さがないということなのです。

そのような「強さ」を道徳の用語で表わすと、「忍耐」「辛抱」「堪忍」「根性」「克己心」という言葉になります。

しかし、そのような言葉は、おそらく今日では、「カッコいい」とは評価されません。昔は堪忍できる人が、格好いい人だといわれて、人気もあった。しかしいま、忍耐強いだけでは、なかなか評価されないと思います。むしろ「鈍くさい」とか「要領が悪い」などと軽く見られてしまうのではないでしょうか。

「忍耐」「根性」「辛抱」というのは、精神的・肉体的に、何かに耐え、何かを克服する強さがあって初めて成立する道徳です。いま世の中で、その種の道徳に人気がないということは、つまり今日の日本では、強さに関わる価値があまり大事にされていないということの裏返しでもあるのです。

## 道徳的であるためには「力」が必要である

いま、よく「道徳心が失われている」といわれます。しかし、この表現には注意が必要です。本当に道徳心が失われることがあるのか。私は、そうではないと思います。道徳心をなくしたら、とてもではありませんが人間らしくは生きていけません。動物になってしまいます。

『孟子』の「公孫丑上」に、次のような有名なたとえ話があります。

《孟子曰く、人皆、人に忍びざるの心有り。（中略）人皆、人に忍びざるの心有りと謂ふ所以の者は、今人乍ち孺子の将に井に入らんとするを見れば、皆怵惕・惻隠の心有り。交を孺子の父母に内るる所以に非ざるなり。誉を郷党・朋友に要むる所以に非ざるなり。其の声を悪んで然るに非ざるなり。是によりて之を観れば、惻隠の心無きは、人に非ざるなり。羞悪の心無きは、人に非ざるなり。辞譲の心無きは、人に非ざるなり。是非の心無きは、人に非ざるなり》（『孟子』、内野熊一郎著『新釈漢文大系4』明治書院）

小さな子供（孺子）がよちよちと歩いていて、井戸に落ちそうになっている。その状況に直面したら、誰でもハッと驚き、「かわいそうだ、助けなければ」と思う。子供を助けようと思うのは、それで父母に交際を求めようとするためではない。同郷人や友人たちに善行を誉めてもらうためではない。助けなかったという悪評が立つのを嫌ってのことでもない。他者の不幸を看過できず、深くあわれみ痛ましく思う心（＝惻隠の心）を、あらゆる人が持ち合わせているからなのだ。これを観れば、惻隠の心のないものは人間ではない。悪を羞じる心のないものは人間ではない。へりくだって譲る心のないものは人間ではない。是非をわきまえる心のないものは人間ではない。そう孟子は語りかけます。

ここで語られている「惻隠の心」は、東洋の道徳論ではすべての道徳の一番の基本とされる心です。「惻隠の心」は、「仁」の大元であるとされます。つまり、ありとあらゆる人を愛して大切にできる大きな愛情の大元に、「惻隠の心」があるということです。

儒教では、「惻隠の心」をどんどん広げていけば、立派な君子になれるとされます。つまり、誰もが持つ「惻隠の心」を、小さな子供だけではなく、普段、嫌な奴だと思っているような相手に対しても発揮できるようになれば、立派な人格者だというのです。非常にわかりやすい教えです。

東洋では「惻隠の心」や「仁」を重んじますが、同様に、西洋のキリスト教も「愛」という概念を非常に大切にします。東洋でも西洋でも、道徳の一番基本になるものは「愛」や「他者に対する思いやり」なのです。

しかし、ここで重要なことがあります。たしかに、「愛」や「他人に対する思いやり」というものを、誰もが各々の心に有しています。しかし、とはいっても、それを実行するには、それを実行できるだけの「強さ」がなければならないということです。

先ほど『葉隠』を例に挙げて「強さ」の必要性を検討しました。また、夜泣きの赤ちゃんを例として、道徳を実現する「強さ」の必要性も述べました。まさにそこが、重要な点なのです。

人に親切にしようと思うなら、親切を実行できる「力」が必要となります。電車のなかでお年寄りに席を譲るという、とても簡単な親切であっても、衆目のなかで席を立ってお年寄りに声をかけるだけの「勇気」が必要です。けっして難しいことではありませんが、それができない人がいるのも事実です。

あるいは、街のなかで大きな荷物を持って困り果てているお年寄りがいたとする。その場合には、声をかけるだけでなく、その後、荷物を持っていく物理的な力も必要でしょうし、どこまで持っていくかわからないのですから、それだけ時間的なゆとりがなくてはなりません。

川で溺れている子供がいたとする。周りに浮き輪など浮力のあるものがなかったとしたら、その子供を救うために、子供を抱えて泳いで川岸まで連れてくるだけの泳力と体力が必要になります。溺れた子供を助けようとして、むしろ助けようとした人が溺れてしまう事例も多数ありますから、まさに命懸けの「強さ」と「勇気」が必要になります。

人の面倒を見るためには、それだけの「力量」がなければならない。あるいは、自分のことをおいても他人に尽くすだけの「余力」を身につけていないといけない。

そういう強さが、いまの日本にはないのではないか。だから気持ちはやさしいけれども、実行できないという状況になってしまっているのではないでしょうか。

## 「やさしさ」「かわいらしさ」の本質

ここで、あらためて注目したいのは、『孟子』において、誰もが持っている基本的な愛情である「惻隠の心」を説明するのに、「井戸に落ちそうになっている小さい子供を見て、かわいそうだと思う気持ちだ」とされている点です。

大人が小さい子供を見て「かわいそう」だと思う。言い方を変えれば、大きくて強い者の立場から、小さくて弱い者に対して感じる惻隠の情が、すべての愛情の基本だと孟子がいっている点が重要なのです。

たしかに、そういう気持ちは誰にでもあるものです。

たとえば、柄の悪い不良のような、いかつい外見の人の携帯電話に、小さいかわいらしい人形がぶらさがっていたりする。それはその人に、小さいマスコットをかわいいと思う気持ちがあるからです。

そういう気持ちを誰しも持ちあわせているからこそ、ディズニーやサンリオなどの、キャラクタービジネスの経営は成り立っているのです。

「かわいい」という感情が、自分よりも小さい者、弱い者に対して起こってくるということは、逆にいえば、自分がその対象よりも大きくて強いということです。

お相撲さんが小さい子供と相撲を取るとき、片手でポンポン投げたり、くるくる振り回したりする。それはもちろん、お相撲さんが子供をかわいがっているわけで、あのような姿を見て「いじめている」と思う人はいないでしょう。

この姿が、ある意味では「かわいがる」という愛情の基本の形なのです。

もし、力のない人が子供をくるくる振り回したら、失敗してケガをさせかねない。周りの人も含めて、「ケガをすることはないだろう」と安心して見ていられるのは、お相撲さんが圧倒的に強いからです。

つまり、「かわいがることができる」「やさしくすることができる」のは、その人に強さがあることが大前提なのです。現代では「やさしい」ことばかりが強調されますが、しかし惰弱(じゃく)な人間は、やさしくなることもできない。強さとは、そのような道徳を可能にするために、必要不可欠なものだということです。

やさしくできるのは、「強さ」という前提があってこそだということを、現代の道徳論は見ようとしない。そこに、現代社会の道徳論議の大きな欠陥があるのではないかと思います。

## 武者(いくさ)は犬ともいへ、畜生ともいへ

いま、道徳における「強さ」の重要性を論じるために、現代的な事例を挙げてきましたが、やや「やさしげ」な事例ばかりになってしまいました。現代に通じるものを論じようとした場合、ついつい、こうなってしまうのも、「強さ」というものを忘れた現代社会の病弊(びょうへい)といえるかもしれません。

ここでいま一度、思い起こしていただきたいのは、本来の武士道がめざす「強さ」は、われわれ現代人の基準からすれば、想像を絶するほどのものだったことです。

本章で『葉隠』の「死に狂い」という言葉を紹介しましたが、「武士道」はまさに「一人の殺害に数十人でも手こずる」ことを実際に体感するような血みどろの現場から生まれてき

たものです。武士の求める「強さ」はきれいごとではありません。ただ、頭のなかで考えている強さでもありません。要するに、実際に敵と殴り合い、斬り合い、泥まみれになり、血を流して腕力で相手を制圧するという、そういう強さです。額面どおりの意味でいえば、武士道とは、戦う者以外には真似ができない思想だともいえるでしょう。

武士たちのそういうリアルな現場がどういうものかを示す象徴的な言葉が、『朝倉宗滴話記』という書物にあります。

《武者は犬ともいへ、畜生ともいへ、勝事が本にて候事》（『朝倉宗滴話記』、同文館編輯局編『日本教育文庫　訓誡篇　中』同文館）

朝倉宗滴については第四章でも詳しく取りあげますが、越前朝倉家の武者奉行で、七十九歳まで野戦指揮官をしていたといわれる武将です。

その宗滴が遺したこの言葉の表面的な意味は、「戦いというのは犬といわれようが畜生と呼ばれようが、勝つことが目的だ」ということになります。

しかしこの言葉は、現代人にはとても誤解を招きやすいものでもあります。多くの人は、

「要するに戦は、どんな汚い手を使っても勝てばいい。とにかく勝てばいいという思想で生きていたのが武士であって、道徳的に立派な人たちではないのだ」と理解するようです。今日、武士道について書かれた書物であっても、かなりの割合で、そのような誤った読み方がなされています。

もちろん、実際にそういう武士もいたことでしょう。しかし、ここで朝倉宗滴がいっているのは、そういうことではありません。むしろ、朝倉宗滴の意図とは、まったく反対に読まれているといってもいい。

なぜ、そのように誤解されてしまうかといえば、現代人が、自分の命が安全なところで、ものを考えているからです。斬るか斬られるかという覚悟も持たず、自分が死ぬという気構えもないところから、他人のことを偉そうに評論する。生々しい戦闘現場を想像することもできない。武士道は、そのような立場から読むと全然、理解できません。自分が殺され、自分の家が滅びるかもしれないが、それでもなお自分自身の力で事態に立ち向かう。そういう最悪の立場に身を置いて考えないと、武士道の思想はわからないのです。

では、『朝倉宗滴話記』の「武者(いくさ)は犬ともいへ、畜生ともいへ、勝事が本にて候事」という文章は、本当はどのようなことを伝えようとしているのでしょうか。

この文章を解釈するにあたっても、自分が負けて死に直面するかもしれないという、ひりつくような状況に身を置いてみなければ、真意はわかりません。そのような状況を想定しつつ読むと、この文章が「どんな卑怯な相手にでも、負けてしまったら何もいえない。そういう厳しい現場を生きていることを自覚せよ」ということを伝えようとしていることが見えてくるはずです。こちらがいかに正義を振りかざそうと、相手がどんなに汚い敵だったとしても、負けてしまったらもう反論の余地がない。だから正義を通すには、まず勝たなければ駄目だということです。

では、自分が卑怯なことをして勝てばいいのか。

そうではありません。もちろん、武士の世界にも卑怯な人間はいます。しかし、戦いの現場を生き抜いてきた武士たちは、卑怯な者は最終的には勝ち残れないことを、経験として、皆わかっていました。なぜなら、戦国時代は特にそうですが、戦闘は一回かぎりのものではないからです。

卑怯なやり方は、たしかに一回目は通じるかもしれません。けれども、一つの戦いが終わっても、また次がある。戦いがずっと続くのが武士の生きる世界です。一度、卑怯な手を使ったら、二度目からは絶対に通じません。むしろ軽蔑されて味方からも見放され、警戒されて誰とも誼を通じることができなくなる。結局、惨めな敗北に終わるしかなくなるでしょう(朝倉宗滴自身も、嘘をつくことを戒めています。そのことは、第四章で紹介します)。

武士たるもの、きれいごとをいっていても、負けてしまってはどうにもならない。相手が犬畜生のような卑怯な者であっても、負ければ終わりとなる。しかし、かといって自分が卑怯なことをしたら、自分は最終的に滅亡へと至ってしまうかもしれない。そのようなギリギリのところで、なお勝ち抜き、生き抜いていくために、自分は本当の強さを身につけなければならない。それこそが「武士の生きる道」なのです。

## いかにして「戦う者の道」を伝えたか

朝倉宗滴は戦国時代の中期から後期にかけての武将ですが、本来の武士道は、戦国時代までの、実際に戦闘が行なわれていた時代に培われたものです。しかし江戸時代に入ると、二百年以上にわたって戦闘はほぼ行なわれなくなり、ただ記憶や記録のなかだけのものになります。

では、江戸時代に入って、武士道は変質したのでしょうか。「戦う者の道」としての性格を失ってしまったのでしょうか。

結論からいえば、江戸時代においても「戦う者の道」としての武士道は、たしかに伝わっていたと考えられます。なぜなら、武士たちは幕末にもう一回、武士らしい戦い方ができたからです。薩摩藩や長州藩の藩士たちが実際に戦闘で刀槍を振るい、銃を撃ったのは、関ヶ原以来です。会津藩は関ヶ原の合戦以後に立藩されていますが、その藩士たちも、見事に武士らしく戦いました。さらにいえば新選組なども、士道を標榜し、生きるか死ぬかの苛烈（かれつ）な戦闘を繰り広げています。

なぜ、戦いがなくなったにもかかわらず、「戦う者の道」としての武士道を、幕末に至るまで脈々と伝えることができたのでしょうか。

それは、武士たちがきわめて意識的に、戦う者の精神を伝えつづけたからです。その方法論の一つとして、「歴史に学ぶ」ということがありました。

江戸時代には徳川幕府が儒教を広め、各藩も藩校などで儒教の教育を進めることになります。ですから各藩は、儒教の概念で武士の理想を説明するわけですが、しかしそれでも、自分の藩がどのような合戦でどのような戦いを繰り広げたかという事例は忘れることなく伝えられていました。「武士の道」の背景にあるべき実証的な歴史を忘れないように、その藩の内部で繰り返し伝えていったのです。

その代表的なものこそ、本章で何度も引用してきた、佐賀鍋島藩の『葉隠』です。この書のなかで山本常朝は、佐賀藩の歴史を、国学と呼んでいます。要するに、歴史教育の重要性を強調しているのです。また長州毛利藩も、藩祖・毛利元就がいかに戦ったか、あるいは関ヶ原ではいかに屈辱にまみれたかなどということを伝えていました。

一方、それができなかった藩もあります。江戸時代になって以降、新たに立藩された会津藩や水戸藩などです。このような藩には、当然ながら戦国時代に自藩が闘った記録がないので、その歴史を伝える教育法が取れません。そのような藩が何をしたか。思想で説明をし、さらに他藩の歴史を学ばせていました。

会津藩は神道ですから、まず、宗教的、神話的な説明をする。さらに藩校・日新館での初学者のテキストとして『日新館童子訓』という書物を藩主自ら作成し、そこには他藩のみごとな武士の事例を多数紹介していました。あるいは水戸藩の場合、第二代藩主・徳川光圀以来、『大日本史』編纂という修史事業を行なっていましたから、自分たちを日本武尊（やまとたけるのみこと）になぞらえる行き方をとりました。

もちろん、武士道を伝える基本には、武道、武芸の鍛錬を欠かさないという身体的な知恵もあるわけですが、もう一方で、実証的な歴史を学ぶ、さらにもう一方として、理論化や神話化をしていく、ということが行なわれていったのです。
これはいかなる世界においても、伝統をつないでいくにあたって、まさに基本になるやり方といえましょう。

## 自分の死にざまを思い描く「観念修行」

ここまでは、現代からも十分想像できる範囲の話ですが、江戸時代の武士たちは、さらに過激で濃密な方法論も採っていました。常に死地に自分の身を置くべく、「死に瀕したときの自己の肉体と精神のありさまを観想する」ということも行なっていたのです。
そのことは、『葉隠』の「聞書十一の一三三」で、次のように記されています。

《必死之観念一日仕限成へし。毎朝身心をしつめ、弓、鉄砲、鑓、太刀先ニてすた〳〵ニ成り、大浪ニ打たれ、大火之中ニ飛入、雷電ニ打ひしかれ、大地震ニ而ゆりこまれ、数千丈之ほきニ飛込、病死頓死等之死期之心を観念し、朝毎ニ無懈怠死て可置。古老曰、軒を出れハ死人之中、門を出れハ敵を見ると也。用心之事ニあらす。前方死て置事也と。

［現代語訳］

必死の観念は、一日一日、完全になし切っていなければならない。毎朝、身心を鎮めた上で、弓・鉄砲・鑓・太刀によってずたずたにされる、大波に押し寄せられる、大火の中に飛び込む、雷電に打ちひしがれる、大地震に巻き込まれる、数千丈の断崖から飛び込む、病死する、頓死するなど、あらゆる死期における心を観念し、朝を迎えるごとに怠りなく死んでおかねばならない。古老いわく、「軒を出れば死人と同然、門を出れば敵に出くわす」とのことである。これは（外出する時は）用心せよ、と説くものではない。（外出時までに）前もって死んでおいたさまを説くものである、と（言われた）》（『新校訂 全訳注 葉隠』講談社学術文庫）

リアルに思い描かれるべき瀕死の自己の肉体感覚や精神状態は、弾丸や槍・刀で傷を受ける戦場でのあり方から、水死、焼死、落雷、地震、崖からの転落、病死、突然死など、考えられる自分の死に方のすべてにわたります。

自分の死にざまを実感的に思い描く「観念修行」は、平時における油断を戒める「用心」のためになされるのではありません。刀で斬られた痛み、火で焼かれる苦痛、死期の迫った心の動揺などをありありと想起するのは、そうすることによってまさにその瞬間から、すでに死んだ自分になっておくためです。すなわち、いま、この身のままで死者の仲間入りをするために、自分が死に至る観念修行が必要なのです。

このような観念修行は、仏教者も行なっていました。「不浄観（ふじょうかん）」と呼ばれるものです。仏教者の観念修行には様々な種類がありますが、通常は、坐禅（ざぜん）を組んで精神を落ちつけ、対象を心にリアルに思い浮かべる形で実践されます。不浄観の場合、思い浮かべる対象とされるものは、他人の死体と、自分の身体との二通りがあります。

他人の死体の場合には、まず体内にガスが充満して脹れあがるさま（脹想（ちょうそう））から始まり、皮や肉が破れ、人体としての形が見分けられなくなり（壊想（えそう））、体液が流れ、腐臭を発し（血塗想（けちずそう））と、死体が崩壊していくさまを段階を追いながらリアルに思い描いていきます。

自分の死体については、足の指が腐れただれるさまを思い描くところから始めて、身体全体が順々に腐れ崩れ、最後に白骨になるところまでを想像していくのです。

仏教修行者が、不浄観などという、普通の人の感覚では理解しがたい行を実践するのは、別にことさら異様なものを求めてのことではありません。仏教者の目標は、いうまでもなく真理を知る（＝悟る）こと、すなわち、現実のありようを正しく知ることですが、「不浄観」はそのための有力な方法論の一つでした。

われわれが「これが、あるがままの現実である」と信じているのは、実は多くの場合、自分たちにとって都合のよい部分的な現実にすぎません。現実のなかで、自分にとって嫌なもの、不都合なものは、無意識的に視界の外に追いやられています。たとえば、自分はいずれ死ぬのだという否定のしようのない事実を、ほとんどの人は日々の暮らしのなかでは、けっして意識していないはずです。

現実の「あるがまま」を覆い隠してしまうもののことを、仏教では「煩悩（ぼんのう）」と呼びます。煩悩によって曇らされている目を開き、現実の真の姿を捉えるには、われわれにとって都合の悪い、不快で不浄で無常な現実があることを、意識的に把握する必要があります。

だからこそ、他人や自分が死して崩れていく姿という、われわれが最も見たくないものを「観念」することが真理を知る修行となるのだと、仏教者は考えたのです。

## なぜ予め死んでおかなければならないか

一方、なぜ武士たちは、山本常朝がいうように、予め死んでおかなければ（「前方死て置」）ならないと考えたのでしょうか。

それは、武士が直視し、引き受けなければならない現実が戦場だからです。

戦場は死が主役となる世界（死地）です。実際に身をもってそこに駆け込む者にとっては、頭が砕け、手足がちぎれ、腸が飛びだす「修羅場」以外の何ものでもありません。血が流れ、死体が転がるというのが、むごたらしくもわかりやすい、戦場という場の日常風景です。

ある意味では、戦場のなかにある人間はすべて、死者、あるいは死者の予備軍だともいえます。要するに、人が戦闘者になるということは、その時点で、半ば死者の仲間入りをしているということなのです。

裏返していえば、自己を生者の立場に置いているかぎり、殺戮・討死を基本風景とする戦闘という現実を、正しく引き受けることはできません。戦場という、死が支配する苛酷な現実において、なお正しく振る舞える人間になるためには、自己を死んだ者、死につつある者と同列の立場に置かなければなりません。

そのために、たとえ平時においてであれ、武士は、「毎朝、毎晩、改めて死に死に、常に死身になって（毎朝毎夕改てハ死ニ死ニ常住死身ニ成て）」（『葉隠』聞書一の二）いなければならないと山本常朝はいうのです。なぜなら、生を愛し死を厭うのは人間の常であり、放っておけば人は誰でも、物事を生の立場からのみ捉え、判断しようとしてしまうからです。

このことを常朝は、「自分も人も生きる方がすきだ。往々にして好きな方に理屈が付くものだ（我人生る方か数奇なり。多分数奇之方ニ理か付へし）」（同）といいます。

「自分は絶対に死なない」「絶対に敗れない」という無意識の前提に立った見方が、戦闘に際して判断を曇らせることにつながり、ついには滅亡を招いてしまう。それは、『葉隠』にかぎらず、武士たちの思想全体を貫く根本的な公理でした。

## 「死ヌ事と見付たり」の真意

ちなみに、いま紹介した「毎朝、毎晩、改めて死に死に、常に死身になって」「自分も人も生きる方がすきだ」という言葉は、『葉隠』のなかで最も有名な、「武士道と云ハ死ヌ事と見付たり」という一文を含む文段（聞書一の二）のなかで述べられたものです。

「死ヌ事と見付たり」という文言は、様々な論者によって好き勝手に論じられがちです。しかし、この文言が、毎日繰り返し実践されるべき「死の観念修行」をふまえたものであったことを見落としてはならないでしょう。

山本常朝が主張しようとしているのは、あくまでも、死屍累々たる戦場において、現実のありのままを見すえ、主体的に行為できる自己を確立することなのです。戦場の現実を正しく捉え、自立した戦闘者たりうるには、戦場の主役であるところの死者の立場に自己を置かなければなりません。そのためには、自己の死を観念によって先取りし、予め自らを死者の仲間入りさせる修行が必要なのです。

このことを『葉隠』は、「死身（しにみ）」とか、「死習（しならい）」という言葉でいいあらわしています。

しかも、その「死身」「死習」は、単なる頭のなかだけの修行ではありませんでした。仏道における観念修行が、そこに至るまでの厳しい肉体的な行を経たうえで初めて許されるように、『葉隠』の「必死の観念」もまた、罪人の斬首や、切腹の介錯（かいしゃく）など、実際に人を殺すことや、「股ぬき」（自分の太ももを刀で貫く、一種の度胸だめし）のように自己の肉体を痛めつけることなど、肉体的な実体験をふまえたうえでの修行でした。

罪人の斬首については、「縛り首」といって、両手を後手に縛って首を打つものや、「放し討ち」といって、罪人を自由に逃げ回れるようにしておいて討ち取るものなどがあったようです。また、「股ぬき」については、常朝は自分の若かった時分のこととして、「かつては股ぬきは男子の通過儀礼であって、傷のない股などは恥ずかしくて人前には出せなかったものだ」と述懐しています。

嘘をいわずありのままであること、敵といえども礼節をもって対すること、主従や同僚の間の深い絆など、武士は、様々な美しい道徳を見事に体現すべき存在でした。しかし、それらの道徳の根底においては、はなはだ逆説的ながら、死屍累々たる苛酷な戦場の体験が、強く意識されていたのです。

「他人に殴られた痛みを知らない者に武器を持たせるほど、恐ろしいことはない」と、よくいわれます。武士の道徳はまさに、自らの身に苦痛や死を引き受ける覚悟を前提とするものでした。その「覚悟」と「強さ」があればこそ、凄惨（せいさん）な戦場においても、腰が引けることなく、命も惜しまずに、最後まで「死に狂い」で戦い抜くことができ、「忠孝」「誠」「礼節」などの道徳を具現化することができます。

それゆえ江戸時代、実際に社会を率いていた武士たちの多くは、日々、いま述べたような方法論を徹底的に行ない、覚悟を錬磨（れんま）していました。そうすることによって、戦う者の道としての武士道を伝えつづけたのです。

本章の冒頭で、「武士道」とは「武士」と「道」とからできあがっている概念であり、それぞれが何であるかをわからなければ、その本質を理解することはできない、と述べました。そして本章では、武士とは「戦う生活者」であり、「強くなり、戦いに勝つ」ために様々な鍛錬を重ねていたことを紹介しました。武士たちの実像や、彼らが求めた境地については、ある程度、想像いただけるようになったのではないかと思います。

逆にいえば、武士たちは、徹底的に強くなることを求めつづけたからこそ、どこまでも透徹した生き方や道徳に行き着くことができたのだともいえます。

では、彼らが到達した「生き方」や「道徳」はどのようなものだったのか。次章では、武士道のもう一つの要素である「道」について、さらに詳しく検討することにしましょう。

# 第二章　「道」の思想と日本人の哲学——同一性と精神性

## 「日本には哲学がない」は本当か

時折、「日本には哲学や倫理がない」という議論を耳にすることがあります。

そもそも「哲学」という言葉が日本で使われるようになったのは明治初期のことですが、早くも明治三十四年（一九〇一）に、中江兆民が『一年有半』という書籍のなかで、「我日本古より今に至る迄哲学無し」と書いています。

ここで中江兆民は、次のように主張しています。本居宣長や平田篤胤などは、古い陵墓や古い言葉を学んでいる一種の考古学者にすぎず、天地性命の理にはまったく暗い。伊藤仁斎や荻生徂徠などの学徒は、経説（儒教の四書五経など経書に説かれている説）について新しい学説を唱えたが、ただ経学者であるにすぎない。仏教の僧侶のなかには、創意を発して新たな宗派を切り拓いた者がないわけではないが、これも宗教家の範囲のことで純然たる哲学者ではない。近頃の哲学家も、西洋の論説をそのまま輸入し、渾崙呑棗（丸呑み）しているようなもので、哲学者と称するに足らない――。

日本の哲学の不毛さを喝破する典型的な議論が、すでにこの時点には生じていたことが、よくわかります。

しかし、このような考え方は、あくまで一面的であり、大いに誤りだと、私は考えます。日本では「道」という言葉こそが、真理の探求を旨とする哲学の代名詞でした。

「道」の考え方については、第一章のはじめのほうでも論述しました。

一人ひとりが全部違うけれども、それでも皆、「自分の生きていく拠り所」としての「道」を「わが道」として覚悟し、その道を様々な歩き方で進むことで、生きてゆく。これが「道」の一番基本のイメージです。

本書で主題としている「武士道」は、その象徴的事例です。「自分はこのように生きる」「自分は、こういうものだ」と決めたときに、そこに自分の「道」が位置づけられる。「自分は武士として生きる」と覚悟したとき、そこで見えてくる道が「武士道」なのです。日本では、武士道以外にも、商人道、職人道、剣道、茶道など、人が生きていくあり方が、様々な「道」の名で表現されています。

本章では、この日本の哲学的考察の代名詞たる「道」の思想を、より深く探究していきたいと思います。

そのために、まず考えたいのが、「持ち味」についてです。なぜなら、個々人の「持ち味」を蔑ろ（ないがし）にしている点こそ、実は、近代社会の根本的な大問題の一つだと思われるからです。

## 「誰でも、何にでもなれる」の裏側

現代の世界を見回すとどこでもそうですが、近代社会は、基本的には人間一人ひとりの「持ち味」に重きを置かない社会です。一人ひとりが違って、それぞれに持ち味を持っているということが、何の役にも立たない社会システム。そのなかに、われわれは生きています。

そう述べると、多くの人は、個性を大切にするのが現代の社会であって、「むしろ武士たちが生きていた時代と比べれば、現代のほうが、はるかに一人ひとりの持ち味が大切にされているのではないか」と思うのではないでしょうか。しかし、それこそ、現代の価値観に絡め取られてしまった見方です。

考えてみてください。男には男の持ち味があり、女には女の持ち味がある。そのことは、身体的にも性差がある以上、当然なことです。しかし、その性差が、現代社会においてどれほど重んじられているでしょうか。

たとえば銀行でお金を計算する仕事をするときは、そんなことはほとんど関係ないものとされます。コンピューターを使える能力があり、正確にものを計算する力があれば誰がやっても同じだとみなされます。

近代的な産業のしくみは、誰にでもできることを組み合わせてつくられています。極力、仕事のやり方を標準化して、誰でも、何でもできるようにする。パートやアルバイトの人でも、少し働けばすぐに仕事ができるようになる工場の生産ラインや、ファストフードの調理・接客などは、象徴的な事例でしょう。

それは生産性を上げて、大量に合理的に物をつくるためには必要不可欠なことです。誰かが退職したら、その現場が回らなくなるという姿ではいけないのです。

近代の産業社会では「誰でも、何にでもなれる」という考えが、社会に広く共有されています。一見、これは個々人の「持ち味」を大切にしているように見えますが、実際には、まったく逆です。このことは、仕事のやり方を標準化するような考え方と、表裏一体のものになっているのです。

もちろん、「誰でも、何にでもなれる」というのは、実際には実現不可能な「幻想」でしかありません。にもかかわらず、それが多くの人の共通認識になっているのは、社会の多くの部分が「誰にでもできる」ことを前提に組み立てられているからでもあるのです。

いまの社会は、誰が何をしてもいい、つまり人間が区別なく同じになっている社会です。

しかし、昔はそうではなかった。区別があって、しかも全体として調和がとれた社会でした。

日本の場合、江戸時代の社会は、武士なら武士、農民なら農民、商人なら商人と、各々が果たすべき役割は明確化していました。もちろん、階級間の流動性がまったくなかったわけではなく、農民や商人の子が武士になるようなケースもずいぶんありましたが、社会の組み立てとしては明確に区分されていました。

また、大人の男性だけができる役割、大人の女性だけができる役割、高齢者だけができる役割、子供だけができる役割など、年齢や性別によって、人それぞれの役割があって、それを組み合わせることで社会は動いていました。いまでも伝統的な祭礼などでは、そのような役割分担がきちんと残っています。

ところが産業革命が起こり、工場で物を大量に生産するあり方が経済を支配し、人間の生活を支配するようになります。そのときに問題になったのが、「工場に働きにくる人がいなければ、新しい産業はできない」ということでした。近代産業化する以前の社会では、やるべき仕事は全部決まっていて、職業間の流動性は高くありませんでした。農家の子供は農家を継ぎ、職人の子供は職人を継ぎ、羊飼いの子供は羊飼いを継ぐのが当たり前の社会です。

しかし、その価値観のままでは、新しい工場をつくって新しい産業を立ち上げても、働く人のなり手がありません。

そこで、どうしたか。世の中の人々の「ものの考え方」を変えたのです。

近代の個人主義、自由と平等などという思想は、それで生まれてきた考え方でした。「平等」という思想の背景には、「誰でも工場で働けます」という考え方があった。「自由」の背景には、「あなたは羊飼いではなくて、他のものにもなっていい。何にでもなれます」という考え方があった。

「誰でも、何にでもなれる」ということは、別の言い方をすれば「職業の自由」ですが、これがないと近代産業社会が維持できません。いまも実際にそのような考え方を基盤として、産業社会は維持されているのです。

## 本当に「個人」を大切にしているのか

ところで、「誰でも、何にでもなれる」という思想は、一見、個人をとても大切にしていて、一人ひとりの自由と平等を保障しているように思えます。しかし、実際はどうでしょうか。実のところは、その人の個性をまったく重視していないのではないでしょうか。

先ほど、近代社会は「多くの部分が『誰にでもできる』ことを前提に組み立てられている」と述べました。「誰にでもできる」ことが前提だということは、取り換えが可能だということです。ある人が辞めたら、別の人を入れればいい。ある会社を辞めても、別の会社で同じ仕事ができる。現実に社会で見られるのは、そういう意味での「自由平等」であって、一人ひとりの持ち味はほとんど関係ありません。

たしかに、学生が就職活動をするようなときには、「個性が必要」などといわれますし、「面接のときには自分を表現しなさい」などということもいわれるでしょう。また、現代のような情報化社会になれば、職種によっては「個性」が求められることもあるかもしれません。

しかし、多くの企業の現場では、会社が求めているのは結局、一定の計算能力や理解力、あるいは職場の仲間たちと力をあわせてやっていける協調性などといった能力です。端的にいって、個性はまったく重視されません。

近代の普通教育は、もともと産業労働者を育てるために作りあげられた教育ですから、一定の計算能力、一定の言語能力だけが育てばいい。全員が同じ計算能力を持ち、全員が同様な国語の理解力を持っていて、全員が同じような教養の基盤を持っていれば、大勢の社員を雇ったときに会社の仕事がうまく回る。だから、学生たちにそのような能力を身につけさせて卒業させるのが、近代の教育なのです。

近代教育の成果は、通知表やテストの偏差値などの数字で評価されます。しかし、考えてみればわかりますが、数字で個性を評価できるわけはありません。つまり、近代の教育では、個性はそもそも評価の対象になっていないということです。

## 「理想」と「いま現在」を一致させる

一方、近年の学校教育では「個性が抑圧された社会だった」と教えられがちな近代以前の社会には、むしろ逆に、「『らしさ』を一〇〇％発揮するにはどうしたらいいか」というものの考え方がありました。

その考え方を象徴する概念こそ「道」なのです。武士道にかぎらず、昔は農民にせよ、商人にせよ、職人にせよ、皆、「らしさ」の世界のなかで生きていました。

武士は武士の道、農民は農民の道、商人は商人の道、職人は職人の道、というように、それぞれの仕事には、それぞれの「道」がありました。

さらに仕事だけではなく、男は男の道、女は女の道というふうに、なんでも「道」というものが生き方の基本的な形式になっていました。

ここで考えるべきは、「真実の生き方とは何か」ということです。誰であっても、「自分はどのように生きるべきか」と考えるとき、「一〇〇％真実の生き方を貫きたい」と思うのではないでしょうか。でたらめな、嘘の生き方をしたいと思う人は、本来、稀であるはずです。

では、「真実の生き方」とは何でしょうか。具体的に答えるのはとても難しいですが、しかし、式に表わすことは簡単にできます。

ヨーロッパの哲学でいえば、絶対の真理というものは、「A＝A」という形をしていればいいということになります。

しかし、たとえば「これは紙コップだ」というとき、その命題は常に「A＝A」にはなりません。なぜなら、「これ（＝紙コップ）」は、必ずしも「紙コップ」としてのみ認識されるわけではないからです。

何かを飲もうとしている人からすると、目前の「これ」は、まごうことなき「紙コップ」でしょう。しかし、キャンプ場などでゴミ拾いをしている人からすれば、「これはゴミだ」ということになるかもしれない。またあるいは、二つの紙コップの底に長い糸をつけ、その糸をピンと張って離れた相手と話したら、「これは糸電話だ」ともいえるでしょう。

必ず「A＝A」になるとはかぎらないものは、真理とはいえません。だとすれば、「真実の生き方」とは、どのようなものだといえるのでしょうか。

おそらく、こうではないかと思います。もし、「本当の自分は、こう生きるべきだ」という理想の姿があったとして、その「理想の自分」と「いま現にある自分」とがイコールになれば、真実の生き方が実現したということになるのではないか。

もちろん、一〇〇％「A＝A」とまではいかないかもしれません。しかし、かなりイコールに近づけることはできるはずです。「自分らしさを一〇〇％に近く発揮できている理想の自分」と「いま生きている自分」とを、なるべくイコールであるようにすることができたとすれば、真実の生き方に限りなく近づくといえるだろうと思うのです。

実は、「理想の自分」と「いま生きている自分」をイコールにしようとする、そういう生き方を、昔の人は「道」と呼んでいたのです。

たとえば「武士道」とは、「自分＝武士」であろうとする生き方のことです。「自分らしさは、武士であることによって発揮できるのだ」と思った人が、自分を武士とイコールにしようとした。そういう生き方のことを武士道というのです。

もちろん、繰り返し述べてきたように、「自分は立派な商人でありたい」と思い、自分と立派な商人とをイコールにするべく生きれば、それは商人道という道になります。「理想の自分」と「いま生きている自分」とを「A＝A」の関係に近づける。それこそ「道」の思想なのです。

## 「誠」とはどういう意味か

「道」の思想が日本で大いに流行したのは、江戸時代です。江戸時代には、何もかもが「道」という言葉で説明されました。遊郭で女の人にモテようとすることさえ、「道」でした。ありとあらゆるものを「道」にたとえる時代だったのです。

では、江戸時代には「道」という言葉の意味は、どのように理解されていたのか。

江戸時代に一番よく知られていた「道」という言葉の基本的な定義は、四書の一つの『中庸』にある次のような文です。江戸時代の人は、これを、道の一番基本的な説明だと思っていました。

《誠は天の道なり。之を誠にするは、人の道なり（誠者、天之道也。誠レ之者、人之道也）》

（『中庸』第十一章、赤塚忠著『新釈漢文大系2』明治書院）

「誠」を使った熟語は、「至誠（きわめて誠実なこと。まごころ）」や「誠心（心に偽りがないこと。まごころ）」など、いまでも日本人が好んで使いますが、この文章などはその典拠の一つです。

「誠」とは、どのような意味を持つ言葉でしょうか。江戸時代の人は、それを、朱子の注釈によって理解していました。『中庸』が示す「誠」という言葉を、朱子は「誠とは、真実無妄の謂にして、天理の本然なり」と説明しています（『中庸章句』）。「無妄」というのは、簡単にいうと「でたらめでない」ということです。つまり、「誠」とは「真実ででたらめでない」という意味であって、天の正しい道理（すじみち）の本来の姿だというのです。

では、「誠は天の道なり」とはどういうことか。

ここでいう「天」とは、お天道さま（太陽）やお月さまが巡り、雨が降り、季節が変わるような、天体気象の運動の全体を意味します。天の働きを見ていると、それがでたらめではないことがわかります。お天道さまは必ず東から昇ってくる。「今日は出てきて、すぐに引っ込んだ」あるいは「今日は西から出てきた」などということは、けっしてありません。必ず東から西へと動いていく。明日も明後日も、やはりきちんと東から出てきて、西に沈む。これが実は「誠は天の道なり」ということなのです。

天はでたらめでなく、一〇〇％一定していて、不変である。天は、誠そのものであるというのが、『中庸』の文章の前半部分、「誠は天の道なり」の意味です。

文章の後半は、「之を誠にするは、人の道なり」ですが、「誠にする」というのは他動詞です。放っておいたら誠でなくなってしまうから、努力して誠にする。誠にしようと頑張らなければ、でたらめになってしまう。これが人間のあり方なのだというのが、「これを誠にするは人の道なり」ということです。

朱子のいう「真実無妄」をもう少し現代風に訳していうと、「同一」「いつも同じで一定している」という意味になります。つまり「いつでもA＝Aである」というのが、誠の基本的な意味なのです。

お天道さまは、いつでも誠です。「太陽が明日昇ってこないかもしれない」などと疑う人はいません。誠そのものであるのが、天の道です。

では人間はどうか。いつも朝七時に起きる人が、たまには寝坊して起きないことがあるかもしれません。「明日、来るよ」と約束していて来ないこともあるでしょう。人間の場合は、一定不変、つまり誠であろうとすれば、努力しなければならない。それが「之を誠にする」ということです。

天は努力もしないし強制もされないが、常に同一を保っている。だから、天は「道」そのものである。しかし人は、努力をして一致させていかなければならない。それが「人の道」だということです。

## 「義」とはイコールにこだわること

人間の生き方でいうと、「誠」とは、「理想の自分」と「いま生きている自分」とがイコールになった状態、つまり、「道」が実現された状態を表わします。

しかし、完全にイコールというのは、実際にはなかなか難しいものです。今日までずっとしっかりやっていたことが、つい一瞬だけ気が緩んだために、元の木阿弥(もくあみ)になってしまうことさえあります。

人間の場合、「ここで終わり」「ここで完成」ということはありません。一生かけて、ずっと自分の理想と一致するために努力しつづけなければならない。それが「之を誠にする」人の道なのです。

一生努力しても、一瞬怠(おこた)っただけでパーになってしまう。それでも、あきらめずにまた努力すれば、また理想と一致することができる。そういう限りない修行のイメージが、人の道にはあります。仏教の言葉でいうならば「精進」ということになります。

たとえば、職人気質(かたぎ)もそうです。職人も一つの「道」の世界であり、やはり何か作品をつくるときに、自分の理想の姿とぴったりイコールになるようにこだわりぬく。

一度は道を究めて、理想の姿とイコールになれる境地に到達しえた職人でも、歳をとって力が衰えることがあります。精魂込めて作りあげた作品が、仕事としたら立派ではあるが、若い頃に比べれば切れ味が悪くなってしまう場合もあるでしょう。そういう場合、理想にこだわりぬく職人ならば、「これは駄目だ」といってそれを打ち壊して、捨ててしまうはずです。普通の人にはもったいなく思えてしまいますが、職人には、そういう頑固なこだわりが大切になるのです。

武士の世界には「義」という言葉があります。「義」というのは武士の代表的な道徳の一つですが、これも要するに「イコールにこだわる」ことです。

「義」とは、もともと正しいという意味合いの言葉で、儒教の世界ではいろいろな議論があり、難しい意味で使われることもありますが、武士の世界では基本的に「利」の反対語として、単純な意味で使われます。

赤穂浪士が「義士」と呼ばれるときの、「義」のイメージがわかりやすいでしょう。

もっとも現代の日本では、この「義」は大いに誤解されています。「正しいことのために命を捨てることが『義』だ」などと思っている人が、ずいぶん多いようです。しかし、それは大きな間違いです。

武士の仕事は戦闘であり、戦闘に対して報酬があります。この報酬が働きに見合っていること、つまりイコールであること。それが武士たちの考える「義」の本来の意味合いなのです。一方、「利」はそれとは正反対に、為したことと得られるものとがイコールではないことを意味します。

武士の場合は、「一番乗りをした」「敵の大将を一人討ち取った」という手柄に対して、馬一頭とか、城一つといった報酬（ほうしゅう）を受けます。つまり、自分の働きに対して、それ相応の報酬をもらって生活しています。

自分の働きは、当然、正しく評価してほしいと思う。武士は「自分の働き」と「評価」がイコールであることに、とてもこだわります。

だから、評価が低ければ当然、抗議する。「自分はもっと働いている」と、必ずはっきりと主張します。武士は謙虚というイメージがありますが、主張すべきははっきりと主張するのが武士です。大将がそれを認めないと、「目が節穴だ」といって怒る。

逆に、自分が大した働きをしていないのに、それ以上のものをもらったときは、それを潔しとしない。

このように、「自分の働き、能力とぴったり合致すること」に大いにこだわるあり方が、武士の考える「義」なのです。

## 赤穂浪士が討ち入りに参加した理由

通常、武士の世界では、報酬にはだいたいの基準がありました。「主君から知行（俸給）を千石もらっていた場合、合戦ではこのくらいの働きをしなければならない」というように、おおよその相場が決まっていました。

問題は、主君から戦闘の働きでは返せないものをもらってしまった場合です。返しきれないものとは何か。現代でも同じで、お金に換えられないものがあります。それは「気持ち」です。心や情など、とてつもない精神的な「恩」をもらった場合にはどうするか。

武士は、そういう返しきれないものに対しては、命を捨てて返すのです。命を捨てることで、帳尻をあわせようとする。どんなことに関しても、自分の身体を張って報酬に対してぴったりイコールで応えようとする。

ですから、武士の「義」は、「律義」という言葉に近い意味を帯びます。職人気質と同じです。職人は、自分の作品の出来が悪かったら、金はいらないといって断わります。イコールにこだわるのは、道の世界の基本ですが、武士の場合は、それに命を懸けるほど徹底しています。武士は、恩を受けて返しきれない場合には死を選ぶ。そこまでイコールにこだわるところが、普通の人の感覚ではなかなかわからない。わからないから、死に急いでいるように見えるのです。

しかし、けっして意味なく死に急いでいるわけではありません。赤穂浪士の場合でも、討ち入りに参加して切腹したのは一握りの人で、赤穂浅野家の家臣全員が死んだわけではありません。赤穂浅野家が取り潰しとなったので、退職金をもらって終わりという人のほうが多い。

しかし、そういう人たちを周りの人は批判しません。退職金をもらって終わりというのは、当然のことだからです。

では、死んだのはどういう人たちなのか。殿様と個人的に気持ちのうえでつながっていた人たちだけが、あの場に集まって死んだのです。殿様から個人的に心遣いを受けた、特別に言葉をかけられた、そういう恩義を感じた人は、命を捨てて恩義に応えることで片をつける。これが武士の生き方というものなのです。

武士の「義」の生き方は、だから、基本的に「一イコール一」という形です。それに対して、「利」の生き方は「一を一・一に」とか「一を一・二に」という形です。ここで増えている「〇・一」「〇・二」の部分は、利益です。

武士はそういう生き方を、けっして否定はしません。それは商人の道であると認めている。けれども、武士たち自身はそれをやらない。はっきりとけじめをつけています。

## 誤解されている「潔さ」

武士道とは、つまり「理想の武士になることをめざす道」です。もちろん、めざす以上は、駄目な武士になろうなどと思う者がいるはずがありません。誰でも、理想の武士になろうとする。では、「本当に立派な、理想的な武士」とはどういう武士なのか。

武士道とは、具体的には、「理想の武士とは何か」を求めて試行錯誤するなかで身につけられた知恵、価値観、道徳、それらをひっくるめたものです。別の言い方をすると、立派な武士をめざし、実際にそうなるべく努力している現場から生まれてくる思想です（実は、「現場から生まれる」ということが、「道」というもののもう一つの特徴ですが、そのことはここでは措いておきます）。

では、理想の武士とは何か。本書の冒頭から述べてきたように、まずは強くなければ話になりません。武士は戦闘をしますから、弱くてはどうにもならない。何が何でも、強さがなければいけない。

本書でここまで繰り返し強調してきたように、本来の武士道とは、基本的には強さを追求する戦闘現場から生まれた道徳です。それゆえ、それらはすべて「強さ」と関係していきます。武士は様々な道徳や美意識、美学を持っていますが、「弱さ」と関係している道徳は一つもありません。

「潔さ」という価値観は、象徴的なものの一つだといえるでしょう。

しかし、この「潔さ」も、今日、大変誤解されています。「潔く」という価値観のもとで、やたらと死に急ぐのが日本の武士の美学だと思われがちです。

特に大東亜戦争の後は、いっそうそう思われるようになりました。日本の武士、さらにその伝統を継ぐ日本の軍人は、潔く散ることばかりを考えて、命を粗末にするなどと、まことに不当な誤解を受けています。

しかし本来、そのようなことは絶対にありえないのです。武士は戦闘をして、家族を養っている。つまり、生きていくために戦闘をしているのです。死ぬために戦闘している武士などいません。

では、潔さとは本当は何なのか。潔さは、しばしば桜の花の散り際の美しさにたとえられます。「花は桜木、人は武士」という言葉もあります。これは江戸時代からある格言のようなもので、本来は「木は檜、花は桜、人は武士」という三点セットで、理想の姿を表わしたものでした。檜は、美しく緻密で香り高い、木材として最も優れたものとされます。美しい花は、なんといっても桜である。それは、人に当てはめれば武士の姿になる。

桜の花の潔い美しさとは何か。桜の花は、花びらが立派なわけでもありません。花の一つひとつも小さいし、色もそれほど鮮やかではない。

ところが、桜の美しさは、花見に行くとよくわかります。桜の見頃は一瞬です。つまり、満開の桜花の華やかさと同時に、風に散りはじめている、その両方が同時にあるのが桜の花の美しさなのです。木々いっぱいの花が爛漫に咲き誇るのみならず、風に吹かれた散り花が周囲の大気全体を染めあげるような、その全体の美しさです。

満開になっていても、まったく花びらが舞っていなかったら、ちょっと物足りない。もちろん、蕾（つぼみ）のうちに皆散ってしまったら、誰も見に行かないでしょうが、満開になってもまだ散らなければ見苦しい。

「潔い」というのは、満開になったまさにその瞬間に、散って風に舞っている、その美しさを指しているのです。要するに、「散り急ぐことが美しい」というよりも、「タイミングがぴったり合っていることが美しい」のです。

たとえば武士が潔く腹を切る場合、自分の行ないがまだ悪いことだと決まってもいないのに、さっさと腹を切ってしまったら、これは愚かです。かといって証拠が全部揃って、もう、どう言い逃れしても駄目だというときになっても、まだ、じたばた抵抗していたら見苦しい。潔いというのは、「証拠が揃った、さあどうだ」といわれた瞬間に、「参りました」とパッと腹を切る、そういうあり方をいうのです。タイミングや呼吸が合っていることの美しさを、「潔い」というわけです。

## 時代劇は「潔い一瞬」を楽しみにする

日本人には、「潔い一瞬」だけを楽しみにする物語があります。最も典型的なのは、昭和期に流行した「時代劇」、より具体的にいえば『水戸黄門』『遠山の金さん』のような物語です。

これらの番組は、ストーリーはほぼ同じです。場所や道具立ては変わりますが、悪人のパターンはだいたい決まっている。変わり映えしない話なのに、一定の視聴率を何十年も保っていたのは、なぜか。

そこで大きな要素となるのが「潔い一瞬」なのです。もし『水戸黄門』で、水戸藩のご老公・徳川光圀の印籠を出す場面がなかったら、あるいは『遠山の金さん』で江戸町奉行・遠山金四郎景元が片肌を脱いで桜吹雪の刺青を見せつける場面がなかったら、きっと誰も見ないでしょう。また逆に、番組が始まってすぐ悪者が登場した瞬間に、パッと印籠を出してしまっても、誰も見ないはずです。

物語はワンパターンですが、考え抜かれた構成になっています。

まず主人公が、悪人たちの引き起こす問題を知る。やがていろいろな「いい人」が巻き込まれて、問題が深刻になっていく。見かねた主人公が、身分を明かさずに真相を探り、大団円で主人公が満を持して身分を明かし、悪人たちを懲らしめ、大逆転で問題が解決されて、めでたし、めでたしとなる。

しかも大団円の部分も、様式美の世界です。たとえば『水戸黄門』の場合、最後の問題解決の場面でも、水戸黄門はいきなり身分を明かすことはありません。まず、お付きの家来たちに「助さん、格さん、懲らしめてやりなさい」と命じて、悪人たちに物理的に制裁を加える。しかし、悪人を完膚なきまでに叩きのめしたりはしません。頃合いを見計らって、「もういいでしょう」と家来に命じ、印籠を出させて、身分を明かすのです。

ここで悪人を最後まで叩きのめしてしまったら、まるでアメリカ映画と同じパターンになってしまいます。まさに、ちょうどいいところでパッと印籠を見せて、「鎮まれ。この紋所が目に入らぬか。ここにおわすお方をどなたと心得る。畏れ多くも前の副将軍、水戸光圀公にあらせられるぞ。一同、ご老公の御前である。頭が高い、控えおろう」と宣い、悪人たちが「ハハー」と頭を下げる。このタイミングの美しさが、魅せ場なのです。

### タイミングが合うことの美しさ

タイミングが合ったことに美しさを感じる。これは実は、戦闘者の持つ基本的な感覚です。本能といってもいいでしょう。

別の言い方をすると、「潔い」というのは、強さと関わりのある動きだからこそ、武士は好きなのです。

強さを導く動きとは、タイミングを逃さない動きです。武道をやっている人はおわかりでしょうが、力ではなく、タイミングが重要になる局面が多い。

実際の戦闘の場面でも、敵がまだ遠いうちに鉄砲を撃ってしまう人間は、臆病者だとされます。かといって敵が目前まで来ているのにまだ撃てない人間は、優柔不断なのか鈍感なのか、いずれにしても強い戦闘者ではありません。一番強い戦闘者は、ここで撃たなければいけないというベストタイミングを捉えて、その瞬間に撃てる戦闘者です。早すぎず、遅すぎず、タイミングを捉えた動きが、強い戦闘者の動きなのです。

それゆえ本当に強い武士、あるいは強い技を持っている武芸者は、タイミングの合った動きを「美しい」と感じるのです。ぴったりタイミングが合って、技がかかると、美しい。戦闘者のそういう本能が、桜の花のタイミングを逃さない散り方を美しいと思わせている。そのような感覚が、「潔さ」を愛する美学の根本にあるのではないでしょうか。

武士の美学や価値観は、すべて強さを磨く現場から出てくるものです。この場合の強さは、まずは身体を鍛え、武芸や戦術・戦略といった知恵を身につけることによって得られるわけですが、しかし武士の世界では、誰もが皆、身体を鍛え、武芸を学んでいるわけです。

そのなかで、さらに人よりも一歩上へ出るには、どうするか。

そこで武士たちが発見した答えこそ「精神性」でした。身体能力や知識の外に、精神的なものを兼ね備えた総合力のことを、昔の武士は「器量」という言葉で表わしました。ただ腕力が強いだけではない。ただ作戦がうまいだけでもない。プラスアルファで精神的なものが一番重要な要素だということを、武士たちは発見したのです。

タイミングを捉えた動きに立脚した「潔さ」も、まさにそのような「精神性」にほかなりません。

本章では、武士たちが重んじた「精神性」の一つとして「潔さ」を取りあげましたが、もちろんそのほかにも、さらに武士たちにとって重要な価値観がありました。それがどのような価値観だったのかついては、章をあらためて検討していくことにしましょう。

# 第三章　「最強の武士」になるための奥義

## ――やさしさと強さは一つである

## 「文武両道」の真の意味

前章の最後で、戦闘者たる武士たちは、古来、「本当に強い最強の武士とは何か」を追求していく過程で、ただ腕力が強いだけではなく、ただ作戦がうまいだけでもなく、プラスアルファの要素として「精神性」が一番重要なものであることを発見したのだと述べました。

では、武士たちが見つけた「精神性」とはどのようなものだったのでしょうか。

前章では「潔さ」について見てきました。しかし実は、武士たちが重んじた「精神性」は、一見、「武張った」こととは正反対のものであることが多かったのです。

武士たちが重んじた精神性――それは、「もののあわれを知る武士」「やさしき武士」「文武両道の武士」などといった価値観でした。

この三つは、基本的に同じ意味です。「やさしき武士」「もののあわれを知る武士」とは、けっして「軟弱な武士」という意味ではありません。弱い武士はそもそも相手にされません。強い武士であって、なおかつ「もののあわれを知る」「やさしい」「文武両道」などといった要素を兼ね備えている。それが理想とされたのです。

文武両道という言葉も、今日では大いに誤解されています。いまでは「スポーツと勉強の両立」という意味で使われることが多く、「文」とは英語や数学などの学科ができることだと思われていますが、本来はそういう意味ではありません。それは近代以降、「ペンと剣」などの西洋的な分類を持ってきて「文武」に当てはめたために出てきている誤解でしょう。

もともと東洋の伝統的な「文武」は、そういう意味ではありません。英語や数学ができるということは、自分自身の能力に直接的な結びつくものであり、実は「力（パワー）」の一種だとも考えられますが、東洋的な「文」とは、そのような「力」とは別物です。

では、文武のもともとの意味はどういうものであったか。『論語』の「季氏第十六」に次のような文章があります。

《孔子の曰わく、天下道あれば、則ち礼楽征伐、天子より出ず。天下道なければ、則ち礼楽征伐、諸侯より出ず。（後略）》（『論語』金谷治訳注、岩波文庫）

ここに出てくる「礼楽征伐」という言葉の「征伐」が「武」の側面を表わしていることは、いうまでもありません。そして、もう一つの「礼楽」が「文」に相当します。

「礼楽」の「礼」は儀礼のこと、「楽」は音楽のことです。東洋の伝統では、芸術や儀礼をひとまとめにして「文」と呼ぶのです。音楽を奏で、詩や和歌をつくり、舞を舞い、神を祭る儀礼をする。平安時代の言葉でいうならば「詩歌管弦」の分野が「文」なのです。

この「文」を今風にいうと、情操に関わる事柄ということになるでしょう。「知育、徳育、体育」と分けるなら、徳育に関わるのが「文」です。あるいは「知情意（＝知性、情操、意志）」で分けると、「情」に関わる部分に相当します。

現代でも、情操的な力の大切さがよく指摘されますが、武士の世界でも、この「文」があるかないかが、本当の武勇とただの暴力とを分ける境目なのです。

武士たちは、彼らが登場するかなり古い時代から、「文」をきわめて重んじていました。平安時代後期に活躍した最初期の武士たちは、詩歌管弦がよくできました。たとえば、鎌倉幕府の初代将軍・源頼朝の高祖父にあたる八幡太郎義家（源義家）には勅撰和歌集である『千載和歌集』に収録されている「吹く風をなこその関と思へども　道もせに散る山桜かな」という有名な歌があります。また、平家物語に登場する平敦盛は笛の名手だとされます。

和歌を詠む、あるいは笛を吹くといったことが、武士の本業である戦闘の邪魔になるどころか、むしろ大切なことだと考えられていたのです。

## 「勇猛な話」に涙する武士

では、なぜ武士たちは「文」を重んじるのか。それをよく伝えてくれる逸話があります。江戸中期の徳川家宣、家継、吉宗の三代の将軍に仕えた室鳩巣（むろきゅうそう）という儒学者が、『駿台雑話』という書物で紹介しているエピソードです（この話自体は、様々な書物に載っている武士の世界では有名な伝説です。ちなみに室鳩巣は、大石内蔵助ら赤穂浪士が吉良上野介を討った赤穂事件では浪士側を擁護する議論を展開し、八代将軍・吉宗の享保の改革のブレーンとなった人物でした）。

戦国時代末期、下野国（栃木県）佐野城主の天徳寺了伯（佐野房綱）という剛健の勇将がいました。天徳寺は、あるとき琵琶法師を招いて『平家物語』を語らせました。その折に天徳寺は、「自分は、ただあわれな話を聞きたいから、そういう場面を語ってほしい（某（それがし）はたゞあはれなる事をきゝ度（たく）こそあれ。其意得（そのこころえ）して語り候へ）」と要望します。

琵琶法師は「心得ました」といって、佐々木四郎高綱の宇治川の先陣争いの場面を語りました。この場面は、源平合戦の宇治川の戦いで、佐々木四郎高綱と梶原源太景季という二人の武士が、どちらが先に川を渡って敵前に上陸するか先陣争いをする勇猛果敢な場面です。

琵琶法師がこの場面を演じると、天徳寺は雨滴のように涙を流しました。そして、「もう一曲、あわれな場面をやってほしい」と頼みます。

すると琵琶法師は、那須与一宗高の扇の的の話を語りました。これは屋島の合戦の折に、平家側が小舟の舷側に紅一色に日の丸を描いた扇を差し立て「この扇を射てみよ」と挑発したのに対し、那須与一が源氏を代表して選ばれ、みごとに射落としたという話です。天徳寺はここでもまた、話の途中からはらはらと涙をこぼしました。

後日、天徳寺は家来たちに、「過日の平家物語を、どう聞いたか（過し日の平家はいかゞきゝつる）」と問いかけました。家来たちは、「大変結構でした。しかし私たちにはどうもよくわからないことがあります。二曲とも勇猛果敢なお話であって、どこにもあわれな場面などないのに、なぜか殿は御感涙を流していらっしゃった。そこがどうにも不思議でした」と答えました。

それを聞いた天徳寺は驚いて、こう家来たちに語りかけます。

「いままではお前たちを、命を預けられる勇猛な武士だと思っていたけれども、その言葉を聞いてがっかりした。まず佐々木四郎の先陣争いの話をよくよく合点して考えてみるがよい。佐々木四郎は、源頼朝が自分の弟にもやらなかったほど大切にしていた名馬を頂戴（ちょうだい）し、その馬で先陣争いをしている。だから、もし、先陣争いに負けたら二度と生きて帰るまいという覚悟で川を渡っているのだ。その気持ちを察してみられよ。これがあわれでなくて何であるのか」

もちろん、『平家物語』の本文には、このような佐々木四郎の心境はほのめかされてはいますが、近代の小説のように心理の細かい描写がされているわけではありません。むしろ、策略で相手を出し抜き、勇猛果敢に一番乗りをなしとげる場面なのですが、その場面から、もし先陣争いで負けたら生きて帰らない、そう思っている佐々木四郎の気持ちを察しなくてはならないと、天徳寺はいっているのです。

那須与一の話も同じだと、天徳寺は言葉を続けます。那須与一も源氏の代表として選ばれて弓を射ることになったわけだから、もし射損じたら源氏の名折れとなる。当然、切腹する覚悟を固めていたはずだ。その心情のほうを思わなければならない、と。

実は、このように相手の心情を察する能力、想像する能力、あるいは深く思いやる能力があるかないかの差が、「文」があるかないかの違いでもあるのです。

天徳寺は、「武士の道ほどあわれなものはないのだ」と語ります。なぜか。武士は常に、死と背中合わせだからです。

どんなに勇壮な場面であっても、そこには死を覚悟せざるをえない悲愴な想いがある。だからこそ、その境地に臨んでいく気持ちがわからなければいけない。それをわからないような武士は駄目だと、天徳寺はいうのです。自分はいつもそういう覚悟でいるから、この二人の心を思いやって、涙をこぼさずにはいられない。それをあわれでないというのは、お前たちの武勇は、要するにただその場の勢い、血気の勇にすぎない。そのような武勇には命を預けられない、と。

室鳩巣は『駿台雑話』に「天徳寺が武辺は涙より出づれば」と記します。涙から出てくるのが本当の武勇だ、ということです。

天徳寺は剛健の勇将であり、鬼のような荒々しい武者ですから、一見、普通の意味での人格円満な人とは思えません。「武」は「手荒き道」で、「仁」や「思いやり」とは正反対に見えます。しかし、実はそうではないのです。

室鳩巣は「仁よりいでざるは誠の武にあらず」ともいいます。つまり、本当の武勇は、「仁」や「惻隠の心」に基づくものでなければならない。「人の情」や「もののあわれを知るの心」を伴っていなければならないということです。

## 「やさしき武士」たちの姿

もう一つ、「やさしき武士」の例を紹介しましょう。『葉隠』の「聞書十一の一一〇」に次のような話が掲げられています。

《やさしき武士は古今ニ実盛一人也。討死之時は七十余也。木村長門守、長髪ニ香を留、討死被仕候。武士は嗜深ク可仕事也。

［現代語訳］
気品ある武士は、古今に（斎藤）実盛一人である。討死した時は七十歳余りであった。木村長門守は、長髪に香を焚きしめ、討死された。武士は嗜み深くすべきことである》（『新校訂 全訳注 葉隠』講談社学術文庫）

ここで挙げられている斎藤別当実盛は、源平合戦の折、七十歳を超えて平家の軍の一員として出陣し、加賀篠原の戦いで戦死した武将です。有名な話ですので、ご存じの方も多いことでしょう。

このとき実盛の出立は次のようなものだったと、『平家物語』は詳しく描いています。

《赤地の錦の直垂に萌黄威の鎧着て、鍬形う（ッ）たる甲の緒をしめ、金作りの太刀をはき、切斑の矢負ひ、滋籐の弓も（ッ）て、連銭葦毛なる馬に、金覆輪の鞍おいてぞ乗（ッ）たりける》（『新版 平家物語 全訳注』杉本圭三郎、講談社学術文庫。以下、『平家物語』の引用、現代語訳は同書による）

平家方が敗走しているのに、このような優美な装いをした武士がただ一騎、防ぎ戦っている様子を見て、源氏方・木曾義仲軍の手塚光盛が、こう声をかけます。

《「あなやさし。いかなる人にてましませば、み方の御勢は皆落ち候に、ただ一騎のこらせ給ひたるこそ優なれ。なのらせ給へ」

[現代語訳]

「ああ、殊勝なことだ、どういう方でいらっしゃるので、味方の軍勢はみな逃げ去ったのに、ただ一騎お残りになっているのか、御りっぱだ、お名のりなさい」》（前掲書）

そして、自分は「信濃国の住人手塚太郎金刺光盛」だと名乗ります。

それに対して実盛は、

《「さてはたがひによい敵ぞ。但しわ殿をさぐるにはあらず、存ずるむねがあれば名のるまじいぞ。寄れ、くまう、手塚」

［現代語訳］

「それではおたがいによい敵だ。ただしあなたを見下すわけではない、わたしは考えるところがあるので名のらぬぞ。寄ってこい、組もう、手塚」》（前掲書）

と語り、手塚の郎等を討ち取りますが、その後に手塚と組み合って、首を取られます。

手塚は、木曾義仲のところに、この不思議な武士の首を持参し、「光盛が奇怪な者と組んで討ち取って参りました。侍かとみますと錦の直垂を着ております。大将軍かと思いますと後につづく兵もおりません。名のれ、名のれと責めましたが、ついに名のりません。声は坂東なまりでした」と報告します。

木曾義仲は見覚えある顔でした。「ああ、これは斎藤別当にちがいなかろう。それならば、義仲が上野国（こうずけのくに）へ越えたとき、幼い目で見たところでは白髪まじりであった。いまはきっとすっかり白髪になっているはずだが、鬢（びん）や鬚（ひげ）の黒いのは不審だ」と述べ、実盛をよく知っているであろう樋口次郎兼光を呼び、尋ねます。すると、樋口次郎は涙をはらはらと流して、「ああ、いたわしい。斎藤別当でございました」「あまりに哀れで覚えず涙があふれました。弓矢をとる者は、ほんのちょっとした場でも思い出になることばを前々から言い残しておくべきものでございますね。斎藤別当は、この兼光にむかっていつも話しておりました。『六十を越えて戦場に向かうときがあれば鬢鬚（びんひげ）を黒く染めて、若々しくなろうと思うのだ。そのわけは若殿ばらと争って先駆けをするのもおとなげないし、また老武者として人に侮られるのも口惜しいことであろう』と申しておりましたが、まことに染めておりましたのですね。洗わせて御覧なさい」
といいます。実際に洗ってみると、白髪になったのでした。

さらに、『葉隠』の「聞書十一の一一〇」で名前を挙げられているもう一人、木村長門守は、大坂の陣で豊臣方として活躍した木村重成のことです。当時、重成は二十代の若武者でした。重成は大坂夏の陣でも奮戦し、大いに徳川方を苦しめますが、最後に井伊直孝の軍勢と戦い、討ち死にします。

その首が、徳川家康が臨席する首実検に運ばれますが、重成の首からは香の匂いが立ち上ってきます。重成は、自分の首が取られたとしても見苦しくないように、頭髪に香を焚きしめていたのです。家康はじめ徳川方の諸将は、「討死の覚悟のうえのことであろう。若いのに、みごとなことである」と感嘆したと伝わります。

『葉隠』が「やさしき武士」と称するのは、この斎藤実盛や木村重成のような人物であるわけです。そして『葉隠』では、先ほど引用した文章に続けて、「香を焚きしめる仕方は、まず湯気にあてて、その後に香を焚きしめれば、香りがよく留まることである」と書き、具体的な方法を紹介していくのです。

文武両道の武士とは、昔の古い言葉では、「あわれを知る武士」あるいは「なさけのある武士」と称されます。『葉隠』がここで用いている「やさしき武士」というのも、まさに文武両道の心得を示しています。

これらの例を見ればわかるとおり、「文」とは、単に知恵があるとか、ものを知っているということではありません。覚悟のみごとさ、感情の豊かさ、心の深さ、そういう意味合いで使われてきた言葉です。

## 「文」の能力は女性から受け継ぐ

ではなぜ、戦闘をする武士が、「心の深さ」や「やさしさ」を必要としたのか。

第一章で、『葉隠』の「前方死て置（予め死んでおく）」（『葉隠』聞書十一の一三二）という言葉を紹介しました。ある意味では、『平家物語』を聴いて「もののあわれ」を知ったり、戦に臨んで髪を染めたり香を焚きしめたりするということは、「予め死んでおく」という死の観念修行に通じるものであることがわかります。

死ぬか生きるかの「あわれ」な情況を、わが身がそこにいるかのように味わう。それは武士たちにとっては、刀で斬られた痛みや、死期の迫った心の動揺などをありありと想起することで、予め「死んだ自分になっておく」ことと同じ意味を持つのです。

「文」「やさしさ」「もののあわれを知る」は、いまの言葉でいえば、「他人の気持ちや、物事の細かなひだ（襞）、味わいというものを深く知る能力」であるといえましょう。武士たちからすれば、「他人の気持ちや情況を深く知る能力」とは、自分自身が「予め死んでおく」ために必須の能力なのです。

そして、この「文」の能力は、日本では古来、女性によって伝えられるものだと考えられてきました。具体的には、母親や妻が、息子たちや夫に、歌や物語を聞かせることで「文」を伝えてゆくのです。

日本では伝統的に、女性の役割として、家庭において精神的な部分を司（つかさど）ることが大切にされてきました。徳や情など、精神に関わる能力は、女性が担当して受け継いでいく。神道の言葉でいうと、魂にあたる部分は女性が受け継いでいくのです。

ですから家のなかで、芸術や宗教について子供に伝えるのは女性の仕事です。男はむしろ実用的に、狩を教えたり、知識を教えたりということを担当します。

「もののあわれ」「やさしさ」といった力は、肉体や頭脳の力に対比して、精神の力といえるものです。この精神の力こそ、古来、「大和魂」という言葉でいいあらわされてきたものでした。

大和魂は、ただただ勇ましいだけの精神ではありません。もともとは、もののあわれを知る心に裏づけられた武勇のことを、大和魂といっていたのです。

しかも、それは女性が保持し、母から男子、あるいは妻から夫に伝えられていく。ですから、歴（れっき）とした由緒正しい武士は、公家から妻をもらったのです。これは単に見栄（みえ）を張っているわけではありません。公家たちが担っている高度な「文」の力を取り入れるために、そうしたのです。特に、大将になるような武士にはそれが必要だという考え方がありました。

そのような教育法を、折口信夫は感染教育と呼びました。詩歌や音楽などのなかにある魂が感染して、心を育てていく。しかも、男子の魂に感染させて伝えていく役割を担うのが女性であるという考え方は、「女性が武人を守護する」「知恵を司る女神」などという世界共通の観念によく表われています。西洋の場合であればミネルヴァという女神、日本では倭姫命の草薙の剣の話が想起されます。

男性的なものというのは「力」であり、日本神話では「刀」に象徴されます。これに対して、女性的なものは「魂」であり、「鏡」に象徴される。この二つは、セットでなければなりません。刀と鏡とがセットであり、それを歴代天皇が神器として護り伝えていく。それが日本の根本なのです。

## 武士の「強さの奥義」は何か

武士が強さを追求していくときに、強さの秘訣は何なのか。強さの奥義は何なのか。

もちろん武士たちは日頃から素振りや弓射、乗馬などに取り組み、腕力をつけ、鍛錬を重ねます。しかし、そうしたなかで一番肝心要の強さの秘訣は何かということについては、実は武士の世界では、古くから答えは出ていました。

それは、いざ戦闘の現場において、キッパリと断念することです。他のことを一切捨てることが、強さを生み出すのです。後ろ髪を引かれて他のことを気にすることがあってはならない。断念できなければ、いくら鍛えていても、力が発揮できない。このことは、武士の世界では昔からいわれてきたことでした。

『葉隠』のなかで最も有名な「死ぬ事と見つけたり」という文言は、まさにそのことを主張しているのです。この有名な言葉のある「聞書一の二」の言葉は、すでに幾度かバラバラに紹介していますが、ここであらためて、まとめて紹介しましょう。

《武士道と云(いう)ハ死ヌ事と見付(みつけ)たり。二ツ(ふた)〳〵(ふたつ)之(の)場ニて早ク死ヌ方(かた)ニ片付(かたづく)斗(ばかり)也。別ニ子細なし。胸すわつて進む也。図(ず)ニあたらぬハ、犬死抔(いぬじになど)と云(いう)事ハ上方風之打上(かみがたふうのうちあが)りたる武道成ルへ(べ)し。二ツ(ふた)〳〵(ふたつ)之(の)場ニて図ニあたる様ニわかる事ハ不及事(およばざること)也。我人(われひと)生(いく)る方(かた)か(が)数奇(すき)なり。多分数奇之方(すきのかた)ニ理か(が)付(つく)へ(べ)し。若(も)シ図ニ迦(はず)れて生(いき)たらは(ば)腰抜けなり。此(この)さかい危(あやうき)也。図ニ迦(はず)れて死(しに)たらは(ば)犬死気(いぬじにき)違(ちがい)也。恥ニハならす。是(これ)か(が)武道ニ丈夫(じょうぶ)也。毎朝毎夕改(あらため)てハ死(し)ニ〻(しに)常住(じょうじゅう)死身(しにみ)ニ成(なり)て居(お)る時ハ、武道ニ自由を得、一生越度(おちど)なく、家職を仕課(しおお)すへ(べ)き也。

［現代語訳］

武士道の根本は死ぬことだと見きわめた。生きるか死ぬかしかない場でいち早く死ぬ方をとるだけのことだ。特段、理屈はない。迷いなく進むのである。目的を果たせずに死ぬのは犬死だ、などというのは、上方風の思い上がった武士道であろう。生きるか死ぬかしかない場で狙いが果たせるように分別することは、不可能だ。自分も人も生きる方がすきだ。往々にして好きな方に理屈が付くものだ。それでもし狙いを外して生き延びたならば、腰抜けである。この境目はあてにならない。一方、狙いを外して死ぬならば、犬死であり、無分別者である。しかし恥にはならない。これが武士道における一人前だ。だから毎朝、毎晩、改めて死に死に、常に死身になっているときは、武士道において自由を得て、一生の間恥になるような落ち度なく、代々担ってきた役職を勤めおおせるのである》（『新校訂 全訳注 葉隠』講談社学術文庫）

「二つ二つの場にて」、つまり生きるか死ぬかの場では、死ぬほうを選べ、生きることを断念してしまえ、というのです。

では、断念するとどうなるか。断念すれば、「胸すわって進む」ことができる。つまり、戦闘者として戦闘に専念できる、もう戦闘以外に何もない状態になれる。これが「死に狂い」です。戦場における、勇猛な働きと心境を指しているのだろうと思います。

こうなれば、怖いものはなくなる。そのときに勝つか負けるかは、時の運だからわからない。しかし、生きる方を全部断念して、パッと捨ててしまうほうが、結果はおそらく上手くゆくと、山本常朝は語りかけます。

そして断念できるなら、立派な武士として「役職を勤めおおせる」といいます。「犬死だ」などと考えるのは上方風の思い上がりで、下手をすると「腰抜け」だと後ろ指をさされて切腹をせねばならぬほどの恥をかく可能性がある。ならば、死んだほうが恥にはならない。それが武士道における一人前だというのです。

さらにここで山本常朝が言外にいっているのは、存外、「胸すわって進む」ならば、かえって生き残ることができる。結果的に上手くいくということでしょう。だから、捨ててこそ強くなり、上手くいくのだということが『葉隠』では主張されているのだと私は考えます。

## 「あわれ」の深さと「恋の心入れ」

断念することが強さになり、力になる。これは昔から武士たちの知恵だったわけですが、さらにいえば、断念するものが愛するもの、大切なものであればあるほど、強さが増すのだと武士たちは考えてきました。一番大事で、最も愛していて、最も執着しているものを捨てるからこそ、捨て切ったときに、心置きなく戦える。心置きなく戦う者ほど強い者はいない、ということです。

同時に、だからこそ、そこで「あわれ」の深さが大切になるのです。

妻子を断ち切って戦いに突入するときに、「妻子の大切さ」は人によって、必ずしも同じではありません。愛しい妻子といっても、これは一人ひとり愛しさの深さが違うはずです。どこで違ってくるかというと、これが先ほど申しあげた「心の深さ」に関係します。心の冷たい人は、いとも簡単に捨てられるかもしれない。しかしそれでは、いくら「捨てて」も、それほどの強さにはならない。

逆に、愛する心が深い人ほど、その想いを断ち切ったときに強くなる。つまり、人を愛する心が深ければ深いほど、その人が「断ち切った」ときの強さが勝るようになる。そのような考え方が、武士の世界のなかにはあったのです。

先ほど、室鳩巣が書いた『駿台雑話』のエピソードを紹介し、室鳩巣が「仁よりいでざるは誠の武にあらず」と述べたことを紹介しました。室鳩巣は儒学者ですから、「仁」という言葉を使いますが、「仁」とは現代語でいえば「愛する心」です。つまり、人を深く愛する心を持っていない武士は頼りにならない。人の心の深さや、心のひだが見えない武士は、いざとなったら役に立たない。「誠の武」ではない。そう強調されているのです。

　昔の日本人は、子供を育てるのに、ただ「やさしくて強い人になれ」のひと言で済ませました。この「やさしくて強い」ということが、「文」と「武」の本質をよく表わしています。自分の愛するものを断ち切る場合、やさしい者ほど強さを発揮する。だから「強くてやさしい」のではなくて、「やさしいから強い」のです。

　むしろ、やさしさと強さは一つのものだといっても過言ではないでしょう。『甲陽軍鑑』には、「たけき武士はいづれも涙もろし」（品第四十上）という言葉もあります。情愛の深さと勇猛さは一体のものだというのが、「文」と「武」が切っても切れないことの、最も深い意味でしょう。

　『葉隠』では、「死ヌ事と見付たり」に続く「聞書一の三」で、「奉公人ハ一向ニ主人を太切ニ歎く迄也（奉公人はひたすら主人のことを切に深く思うだけでよい）」という言葉を用いて、このことを述べています。

　深い教養を持つ山本常朝は、「歎く」という言葉を使っていますが、この「歎く」の語源は「長い息」の詰まったものだろうといわれています。つまり、「ああ」と長く深い溜息をつくことからきている言葉です。

ここで述べられている「主人を大切に歎く」というのも、心の感動の深さです。主君をそのように大切な者として深い思いをもっている武士、奉公人は、いざというときに、必ず役に立つ。まさに先ほどから見てきた、心が深い「文武両道」の者こそが、最も強さを発揮するということにつながってきます。

さらに『葉隠』には、「君臣之間」と「恋之心入」とは一致だとも書かれています（『葉隠』聞書二の六一）。恋とは、まさに、人や物を愛する心の深さです。通り一遍ではない深さに、『葉隠』はとてもこだわっています。それは、『葉隠』が、和歌や文学を単なる趣味として扱っていたのではなく、頼りになる武士の本質は「もののあわれ」を深く知る、人を愛する心を深く持つことにあるのだという理解を持っていたからだと、私は考えています。

この『葉隠』の「聞書二の六一」には、「恋の心入」のような思いを主君に対して持つことは、「長ケ高き御被官也（気高いご奉公である）」という表現もあります。ここに出てくる「長け高き」というのは、和歌の用語（＝丈高い）で、「気高くのびのびしていて」「姿が端正で、心が深い」歌を評価する際に用いられる言葉です。

「恋の心入れ」のような深い思いがあればこそ、それを断ち切るときに圧倒的な強さに反転する。だから武士は平時には、情け深く、慈悲深くあるべきである。それこそが「長け高き」奉公である。繰り返しますが、これが「文武両道」の基本的な意味だったのではないかと、私は思います。

## 「道もせに散る山桜かな」

本書で繰り返し述べてきましたが、武士道とは、抽象論ではなく、すべて現場から出てきた思想です。だからこそ武士道は、抽象的な目標ではなく、「こういう武士になる」という具体的な目標をめざします。

言葉を換えれば、武士の教育は「何かになる」教育です。そのためには「真似ぶ＝真似をする」ことが重要な手段となります。目標やモデルが抽象的ではなく、具体的ですから、そうなるように真似をする。「誰みたいになればいい」という教育をするわけですから、効率はいい。このことを『葉隠』の「聞書二の一三二」は次のように書いています。

《精を出して人の僻を直シたらは直る筈也。似我蜂之如し。養子抔も我ニ似よ〳〵と云教いたし候ハヽ似るべき也と。

［現代語訳］

精を出して人の癖を直せば、直るはずである。似我蜂のようなものである。養子なども、自分に似よ、似よ、と言って教育するならば、似ていくものである、と言われた》（『新校訂全訳注 葉隠』講談社学術文庫）

こういう人になりたい、立派な人になりたい。そう思って真似をすると、理屈を教えなくても、自ずと何か身についてくるものです。いい人とつきあわせる、立派な友達ができるということは、そういう「なる教育」の一番の基本でしょう。

「なる教育」の理想の手本は、各藩や家によって、もちろん変わってきます。『葉隠』を生んだ佐賀鍋島藩の場合は、藩祖である鍋島直茂になります。江戸幕府であれば、東照大権現である徳川家康が究極の理想になります。

しかし武士の世界全体として見た場合、武士の原型として普遍的なモデルになったのは、本章の冒頭で紹介した八幡太郎義家でした。八幡太郎義家こそ、多くの武士の理想とする「文武両道」の人です。

義家は「武」に関しても、間違いなく圧倒的に「強い」武将であり、八幡太郎と名前を聞いただけで、誰からも恐れおののかれるような存在でした。そして「文」のほうも、先ほど紹介したように、『千載和歌集』に「吹く風をなこその関と思へども　道もせに散る山桜かな」という歌が収録されているほどの教養を持った武将であるわけです。

では、この歌にはどのような意味があるのか。本章で「文」と「武」についてここまで見てきましたから、それを前提にあらためて考えてみましょう。

まず、「なこその関」というのは、北の守りである「勿来(なこそ)の関」です。八幡太郎義家は奥州の反乱の鎮圧に行ったわけです（前九年の役、後三年の役）。「吹く風」というのは、敵の奥州の軍勢をたとえています。

一方、この「なこそ」は、「吹く風をなこそ」という意味にも掛かっています。「な」というのは禁止を表わしますので、「吹く風よ来ないでほしい」という意味です。敵に攻めてほしくないと思っていたが、攻めてきてしまった。そのことと「勿来の関」を掛けているわけです。

下の句の「道もせに散る山桜かな」は、「道も狭しと」、つまり「足の踏み場もないほどに山桜が散っている」という意味ですが、ここには戦に散っていった配下の武士たちのイメージが重ねあわされています。つまり、表の意味を解釈すれば、「ここは勿来の関だから、その名前のとおり風よ吹かないでほしいと思っているが、風がしきりに吹いて、道をふさぐばかりに山桜の花が散っていることだ」ということになりますが、裏の意味としては、「敵を堰き止めるために戦ったが、足の踏み場もないほどに兵士たちがここで戦死したのだ」という鎮魂の歌になっているのです。

これはまさに、深い思いに貫かれた歌です。戦いに斃れたたくさんの家来たちを、山桜にたとえて歌っている。本当は戦いたくなかったのだけれども、お前たちの犠牲の上にいまの平和が成り立っているのだということを歌っている。戦死した家来たちに、彼らを山桜にたとえた歌を手向けることで、成仏を祈っているのです。

八幡太郎義家というのは、日頃から、この歌に表われているような気持ちで家来を思っていたのでしょう。家来たちを思う心は深かったに違いありません。けれども、戦いに臨んでは、そのような家来の命をあきらめなければいけない。そのように大切なものを断ち切って戦うから、義家は誰からも怖れられるほどに強かった。

そして家来たちも皆、勇猛に戦って、勝ちを得ることができた。この歌に表われている「人を思う心の深さ」にこそ、八幡太郎義家の強さの真髄が表われているのです。

このような大将だったからこそ、武士の世界では長い間、八幡太郎義家は理想の大将として仰がれていたのでしょう。

## 人間の理想の姿に辿り着いた武士道

結局のところ、もののあわれを知る武士は、なぜ最強の武士といえるのか。本章の最後に、あらためてそれをまとめてみましょう。

本質的なことをいえば、武士の世界にかぎらず、世界中の戦闘者の世界で一番強いのは、「死をも恐れぬ者」です。限界状況の危険な場にあって、なお、ためらわず死地に突入することができるかどうか、です。

死地へ突入するために何が必要かというと、大切なものを断ち切っているかどうかです。大切なものをあきらめるわけですから、思い残すことがない、だからこそ、全身全霊の力を発揮できると武士たちは考えた。

ところで、たとえば妻子を断ち切って自分は死へ突入するといっても、さほど妻子を愛していなかったら、捨てたところで何の力にもならない。そのような情の薄い人間は、殿様も捨てて逃げるに違いない。

とするならば、何かを断念して戦いに突入できる人というのは、つまり、物を深く、大切に思う心をもっている人だということになる。物事の味わいや情緒、人の気持ちを深く感じられる、そういう心根を持った人こそが、大切なものをあきらめて捨てたときに、一番強い武士になるのです。

少なくとも武士たちは、もののあわれを知る心の深さが、強さに比例すると考えていました。「やさしさと強さは一つである」という思想こそ、武士道の真髄だったのです。

しかも、その「やさしさ」を養い高めるために、男と女がそれぞれの持ち味を発揮しあって教育をするシステムができあがっていた。「刀」に象徴される男性的なものと、「鏡」に象徴される女性的なものが両輪になって作りあげられていったのが、日本の武士の教育でした。そこにこそ「大和魂」の本当の深い意味があると、私は考えます。

やさしさと強さを身につけた理想の日本人を、もし絵に描くとしたらどうなるか。ここで江戸時代の儒学者・佐藤一斎の言葉を引きます。ぜひ、じっくりと味わっていただきたいと思います。

《面（おもて）は冷（れい）ならんことを欲し、背は煖（だん）ならんことを欲し、胸は虚（きょ）ならんことを欲し、腹は実（じつ）な

らんことを欲す》（佐藤一斎『言志四録〈一〉 言志録』川上正光全訳注、講談社学術文庫）

　あくまで顔は、相手から恐れられるほどに冷ややかでなければならない。しかし背中には、温かいものがある。胸のなかは、あくまで公平無私で、私情が入る余地などない。そうでないと、危急の場で冷静な判断は下せない。しかしながら、腹のなかには「まごころ」がつまっている。これが武士道が理想とした、強さとやさしさが一つになった人間の姿です。あるいは、「道」の哲学を大切にしてきた、かつての日本人の理想の姿ではないか、と私は考えています。

『葉隠』をはじめとした日本の武士道書は、一見、哲学書には見えません。誰それが、いつ、どこで、どのように人をぶった斬った、などということを書いた哲学書があるなど、普通は誰も信じられないでしょう。

　しかし、武士道は――さらにいうならば、日本の「道」の思想は――現場をどこまでも突きつめることで、いま述べたような人間の理想の姿に辿り着いているからこそ、立派な哲学だといえるのです。そしてそれゆえに、諸外国の人々にも新鮮な驚きを与えうるものなのです。

# 第四章

## 『朝倉宗滴話記』の思想
## ――「手の外なる大将」の嘘と真実

## 戦闘者の生の声を伝える史料

「ミネルヴァの梟は、黄昏がやってくると飛びはじめる」とは、ヘーゲル『法の哲学』序文のなかの有名な言葉ですが、たしかにヘーゲルのいうように、哲学・思想というものは、現実に対して、いつも一呼吸遅れて現われてくるものです。

とはいえヘーゲルは、現実よりも「来るのが遅い」（日が暮れてからようやく飛びだす）哲学というもの（ミネルヴァの梟。ミネルヴァは、ローマ神話における芸術・知性の神）の地位を、別に卑下しているわけではありません。むしろ、できあがった現実は、哲学によって反省され、捉えられたとき、初めて真の完成に達するのだというのが、ヘーゲルの真意でした。

のっけから妙な話になってしまいましたが、いいたいのは実はこういうことです。どんな哲学・思想も、その出所は必ず人間の現実の営み・経験のなかにある。人々が泣いたり笑ったりしながら生きているその現実を、「知恵」として捉えるものが哲学・思想と呼ばれるものにほかならない。何よりもまず現場があり、それを反省しつつ捉えるわけですから、哲学・思想が、現実よりも常に一歩遅れて現われるのは当然のことです。

武士道の思想には、この間の事情が見やすく現われています。

武士道は、武士たちの生きざまを一つの知恵として捉えようとする思想です。武士の本質はいうまでもなく「戦闘者」ですから、武士道が捉えようとするのは、何よりも実戦現場を生きる武士たちの生きざまにほかなりません。

しかし、いくら実戦の経験を捉えたいからといって、合戦の最中にのんびり書物をしたためている暇はありません。というより、実戦の当事者にとっては、実際に戦い、勝ち抜いていくことがすべてなのであって、経験の知恵は体得するものでこそあれ、わざわざ言葉にして表現する必要も余力もなかったに相違ありません。

ですから武士道の思想は、いつも戦いが終わってしばらくした後に現われてくるのです。武士道が捉えようとするのは、たとえば戦国乱世を生きた武士たちの経験です。しかし実際にそれが「武士道」として語られるのは、すでに乱世が過去になった太平の世のことです。「武士道」という言葉の最も早い使用例でも、大坂の陣が終わってしばらく経った近世前期のことですし、有名な『葉隠』武士道に至っては、六代将軍・家宣以降のものなのです。

もちろん、思想が現実に対して時間的に遅れて現われるのは仕方のないことですし、時間をおくから反省が深まり、物事の本質が捉えられるようになるのも確かなことでしょう。しかし、一方で時間が経てば経つほど経験の生々しさが忘れられ、思想が現場と乖離(かいり)した観念的なものになっていくことも否定できません。

現場から遠いからといって、必ずしも思想としての値打ちが低くなるわけではありません。逆に、現場を経験した者が必ず優れた思想家であるかというと、むしろそのような例はめったにないというほうが当たっているでしょう。あまりに生々しい経験は、それを一般化するのに長い時間と深い反省を必要とするものだからです。

そうはいっても、当事者としての経験を適切な言葉で一般化して伝えてくれる者の話を聞きたいとは、誰しもが望むところでしょう。現場の肉声が持つ説得力には、なんといっても及びがたいものがあるからです。

武士の思想を伝える文献は数多くありますが、戦場を駆け抜けたまぎれもない戦闘者の生の声を伝える史料は、本当に限られています。いわゆる戦国大名が残した文章も、けっして少ないわけではないのですが、そのほとんどは、政治や外交に関するもので、硝煙や血の臭いの漂う肉声を伝えるものはあまり残っていません。

そうしたなかにあって、これからご紹介する『朝倉宗滴話記』は、戦闘者の本音が伝わってくる貴重な史料の一つにほかなりません。

## 戦陣に明け暮れた朝倉宗滴の生涯

『朝倉宗滴話記』は、戦国時代の武将、朝倉教景（のりかげ）（文明九年～天文二十四年、一四七七～一五五五）晩年の談話を、萩原宗俊（?～元亀元年・一五七〇）なる部下が筆記したものです。

朝倉教景（宗滴は入道後の法名）は、越前守護代・朝倉氏の一族で、朝倉軍団の武者奉行として、生涯のほとんどを戦陣に過ごした生粋の武人です。

朝倉氏は、本姓日下部（くさかべ）。『日本書紀』孝徳天皇紀に名の見える「朝倉君」が遠祖であるともいわれます。南北朝時代に但馬国養父郡から越前に移り、越前守護・斯波（しば）氏のもとで守護代を務めます。朝倉孝景（法名・英林宗雄、応永三十五年～文明十三年、一四二八～八一）の代に、応仁の乱の混乱に乗じて越前一国を手中に収めます。英林孝景ののち、氏景、貞景、孝景、義景と四代にわたって越前を支配した朝倉氏が、左衛門督（さえもんのかみ）義景の代に織田信長によって滅ぼされたのは周知のことと思います。

朝倉宗滴は、典型的な戦国大名であった英林孝景の末子で、氏景から義景まで四代の御屋形様（おやかたさま）に仕え、天文二十四年（一五五五）九月八日、現役の野戦司令官のまま没します。天文二十四年は第二次の川中島合戦の年ですが、宗滴の出陣は、長尾景虎（上杉謙信）の信濃侵攻に呼応して、朝倉氏永年の宿敵である加賀の一向一揆を討つためのものでした。

《英林男子八人候、合戦之時、自身持道具に血を付候（つけそうろう）は、我等一人にて候、十八歳より七十九歳迄（まで）、自国他国の陣十二度、其内（そのうち）馬の前にてさせたる野合の合戦（異本では「陣」）七度に候が、其内三度持道具に血を付候、

［現代語訳］

英林孝景には男の子が八人あったが、合戦に際して、自らの武器を血に染めたのは自分一人である。十八歳から七十九歳まで、自国他国の軍陣はあわせて十二回、そのうち馬上から指揮した野戦の激突は七回ある。その中で三度は、自分の槍に血をつけて敵を討ち取ったのだ》（『朝倉宗滴話記』の原文は、同文館編輯局編『日本教育文庫　訓誡篇　中』同文館より。現代語訳は引用者。以下同）

『話記』のなかで、宗滴はこのように述べます。戦陣に明け暮れたという表現がまさにふさわしい生涯だったといえるでしょう。たしかに宗滴は、きれいごとでは済まない、乱世の戦闘者の世界を、己れの器量一つで生き抜いた人物でした。

## 敵か味方か？——敦賀の乱の顚末

きれいごとではないというのは、宗滴が一門内で頭角を現わすきっかけとなった事件、敦賀の乱一つをとっても明らかです。

英林孝景の四男は孫五郎景総、五男は小太郎教景といいます。いずれも、宗滴から見れば兄にあたります。小太郎教景は、順序からいえば景総の弟なのですが、正妻腹であったため父の寵愛を受け、景総の上位に据えられてしまった。景総はこれを快く思わず、相撲見物の席で教景を殺害します。景総は京へ逃れ、朝倉弾正忠元景と改名して、幕府の重臣細川政元の庇護を受けます。

これが、二十年後に起こる敦賀の乱の発端となった出来事です。この間、殺害された教景の跡を承けて、末子の太郎左衛門（宗滴）が、朝倉教景と名乗ることになります。

さて、乱の起こった文亀三年（一五〇三）当時、朝倉家の当主は弾正左衛門貞景、要害・敦賀城を守る敦賀郡司は英林孝景の甥、孫四郎景豊でした。景豊の父は、「朝倉の小天狗」と異名を取った猛将冬景で、彼の教えは『話記』のなかでも幾度か取りあげられています。「小天狗」冬景は、国内の多くの有力者たちと縁戚関係を結んでおり、教景（宗滴）も冬景の婿の一人でした。

問題だったのは、敦賀郡司の景豊が、京にいて主家と対立していた朝倉弾正忠元景の婿であったということです。

朝倉景豊は、父・冬景の残した有力者との縁故や、義父・元景の勢力を背景に、当主の貞景に対して謀叛を企てます。貞景としては、陰謀の動きは察知したものの、教景（宗滴）をはじめとする一門、有力者が景豊の縁者であるため、うかつに手出しもできません。じっと様子を見ながら討伐の時節を窺っていました。

このとき教景（宗滴）は、自宅を捨て、竜興寺という寺に入っていました。つまり、謀叛に荷担したとも取れる不穏な動きを示していたのです。ところが何を考えたのか（実際、事件の顚末を伝える史料『朝倉始末記』には、「何トカ思案アリケル」と記されています）、ある真夜中、ただ一人で当主の貞景のもとへやって来て面会を乞うたのです。

明らかに含むところがあって寺籠もりしている者が、このような夜中に訪ねてくるのはどうにも怪しいと、貞景は警固を厳しくして対面しました。ところが宗滴は、顔色も変えず、京にあった朝倉孫四郎景豊の謀叛計画を細大漏らさず貞景に打ち明けます。それによれば、京にあった朝倉弾正忠元景はすでに南近江まで軍勢を進めており、近日中に敦賀で景豊勢と合流する予定であるということでした。

貞景は直ちに国中に陣触れをし、二万余騎の軍勢で敦賀城を包囲します。元景の来援は間に合わず、また宗滴の動きを見て、国内の有力者は貞景方に走ったため、文亀三年（一五〇三）四月三日、敦賀城は落城し、孫四郎景豊は自害します。

琵琶湖南岸にあって敦賀落城の報に接した朝倉元景は、翌永正元年、飛騨越えして加賀に入り、一万八千の軍勢で越前に乱入しますが、片腕と頼む金沢大和守父子を朝倉宗滴に討ち取られて敗退、「鬼五郎」と恐れられた元景も翌永正二年、能登の陣中で病没します。

『宗滴話記』には、「文亀三年廿七歳敦賀城責、卯月三日合戦これ有り、永正元年廿八歳五郎殿（元景）出張に付けて弥合戦これ有り、九月十九日金井殿父子、これを討ち執る」とあらましが記されています。宗滴はこのときの「帰忠の功」（寝返りの手柄）によって敦賀郡司を任命され、一門中の重鎮としての地位を固めます。

## 手の内は明かさず、行動は明快

朝倉一門の内紛事件をいささか詳しく見てきたのは、朝倉宗滴という武人の思想、ひいてはのちの武士道思想の、ある重要な特徴を見る手がかりがそこに隠されていると思ったからです。

この騒動を通じて、宗滴の行動に一貫してつきまとっている印象は、彼が何を考えているのかが周囲にはわからないということです。明らかなのは、ただ、彼が貞景に、景豊の陰謀計画を告げたこと、そして合戦に勝利をもたらす活躍をしたことという事実だけです。『朝倉始末記』は、宗滴の行動を寝返り（帰忠）だと記しています。しかし、宗滴は、景豊の謀叛に荷担するとはっきり約束したわけではありません。

景豊は、宗滴が味方をしてくれるものと思い込んでいました。一方、貞景は、宗滴を陰謀の一派であると考えていました。しかし、これらはいずれも、宗滴が景豊の妹を妻としていること、そしてなぜか自宅を捨てて寺に入ったこと、この二つのいわば状況証拠に基づく推測にすぎません。主君にも義理の兄にもそして周囲の人々にも、宗滴が何を考えていたのか、本当のところはわからなかったのです。

敵からも味方からも、何を考えているのかわからないということは、いうまでもなく、宗滴が武将として優秀であることの証です。手の内を明かさないというのは、戦闘者が勝利を得るための、最も基本的な要件の一つだからです。

もちろん、何を考えているのかわからないといっても、単にはっきりした考えがないためにわからないとか、優柔不断で考えが定まらないためにわからないというのではお話になりません。どうやって勝ちを得るかという確かな意図や計画が一貫してあり、しかもそれが外部からは、まったく測り知れないということでなければならないのです。

宗滴は、景豊を見限って貞景についたのか、あるいは初めから景豊に荷担するふりをしていただけなのか。事の真相がいずれであるにせよ、彼の行動が、緻密な情報収集と考え抜かれた計画とのうえに立っていたのは間違いないでしょう。なぜなら、彼のとった行動は単純明快で、迷いのかけらもなく、しかも確実に勝利を手中に収めているからです。

行動が明確であるということは、手の内を読まれないことと並んで、優秀な戦闘者であるための大切な条件であるといえます。意図や計画が敵にも味方にも筒抜けであっては、戦う前に勝敗は決したようなものです。情報管理の重要性は、何も近代に始まったことではありません。

しかし、だからといって、何を考えているのかわからない、何をしているのかもわからないという、ないない尽くしでは、そもそも軍勢を動かすことができません。武士たちが戦闘という命懸けの行動に踏み切るためには、少なくとも、いま何をすべきなのかが、はっきりしていなければならないのです。

「命令」に理由や意図の説明は不要ですが、何をすべきかは端的・明確でなければならないのは、戦闘者の世界の変わらぬ常識です。

## 嘘つきに命を預けられるか

隠すべきことは徹底的に隠し、見せるべきことは明確に見せる。それが、『朝倉始末記』の伝える朝倉宗滴の人物像であるように思われます。のみならず、宗滴自身、その二つのことが優れた武将の基本条件であることを十分に自覚していたように思われます。隠すべきことは徹底的に隠し、示すべきものは明確に示すというのは、『朝倉宗滴話記』にも一貫する哲学であるからです。

《大事の合戦之時、又は大儀なるのき(退)口などの時、大将(たいしょう)之(の)心持(こころもち)見んために、士卒をして種々にためすものに候、聊(いささか)も弱々敷体(よわよわしきたい)を見せず、詞(ことば)にも出すべからず、気遣(きづかい)油断(ゆだん)有間敷(あるまじく)候事、

[現代語訳]

ここ一番の合戦の時、あるいは難儀な退却戦の時に、大将の心の内を知ろうと、部下はい

ろいろに探りを入れてくるものだ。少しも弱気な様子を見せず、言葉にも出してはならない。心して油断なきようにすべきである》（『朝倉宗滴話記』、原文は『日本教育文庫　訓誡篇　中』同文館）

合戦の現場において、個々の戦闘者が持てる力を最大限に発揮できるためには、余計なことを一切考えさせずにそれぞれの持ち場に専念させることが肝要です。

しかしながら、状況が明らかに味方に不利な戦いにおいては、戦闘者の心に不安や動揺の念が湧き起こるのは避けがたいところです。

そういうとき、武士たちは自分の命を預けた大将に注目し、その心の内を知ろうとするものだと宗滴はいいます。大将も人間ですから、ときには判断に迷ったり不安になったりすることもあるでしょう。しかし、大将の動揺が部下に伝われば、到底戦いを持ちこたえることはできません。だから大将は、自分の心の内をけっして外に表わしてはならないと、宗滴はいうのです。

しばしば誤解されるところですが、心の内を隠すのは、他を欺く（あざむく）こととは違います。

たとえば、大将が心の内では明らかに味方の不利を認識して動揺していたとします。そういう場合、人は往々にして、あえて豪傑笑いをしてみせたり、強がりをいってみたりするものです。要するに、嘘によって内情を隠そうとするわけです。

しかし、宗滴がいわんとするのは、けっしてそういうことではありません。彼が主張するのは、「嘘であれ本当であれ、大将は一切余計なことを外に表わすな」ということなのです。心の内は隠すのであって、誤魔化すのではないのです。

そもそも、嘘をつかないというのは、武士の世界における最も重い掟です。戦闘者たる武士の世界にあっては対人関係のもとになる人間評価の基準は、命を預けられるか否かという、切実かつ単純な一事につきます。命を預けることが人間関係の基本であるような世界で、嘘をつくような者がやっていけるはずはありません。誰だって、嘘つきに命を預けたくはないからです。

## 嘘をつかぬことと心の内を隠すこと

朝倉宗滴もまた、武士に嘘は禁物であると主張します。

《仁不肖に不レ寄、武者を心懸る者は、第一うそをつかぬ物也、聊もうろんなる事なく、不断理致義を立、物恥を仕るが本にて候、其故は一度大事の用に立つ事は、不断うそをつき、うろんなるものは、如何様の実義を申候へども、例のうそつきにて候と、かげにて指をさし、敵御方共に信用なき物にて候間、能々たしなみ可レ有事、

［現代語訳］

豪の者であろうと並の武士であろうと、およそ戦闘者たる者の第一条件は、嘘をつかぬということだ。少しも怪しい言動をせず、常日頃から律義を立てて、恥を知る振る舞いをするのが本である。なぜなら、いざという大事に当たっては、普段から嘘をつき、胡散臭い人物は、いくらその時にまじめなことをいっても、いつもの嘘つきめがと後ろ指をさされ、敵からも味方からも信用されないからである。よくよく日頃のたしなみが必要である》（前掲書）

ここでもまた、注意しなければならないのは、「嘘をつかないというのは、何でも包み隠さず打ち明けるという意味ではない」ということです。「いわない」のと「嘘をつく」のとは、まったく別の事柄です。あくまでも、言葉や行動で表わす必要がある場合は、あるがままに明確に表現せよというのが宗滴の主張であって、いう必要のないことは、もちろんいわないのが正しいのです。

心の内を隠すことと、嘘をつかないこととの間に矛盾はありません。むしろこの二つを兼ね備えることが、優れた武将の条件となります。

言葉にせよ行動にせよ、いったん表へ出た事実は取り消すことができません。後になってどのように改めても、以前にこうであったという事実が消えることはありません。ひとたびいい加減な言動をすれば、その事実は永久に残りますし、無理に取り消そうとすれば、事実をねじ曲げる嘘を重ねていくほかありません。

その結果が現場の戦闘者たちの不信感と士気の低下を招くことになるのは、先の戦争での「大本営発表」一つを省みても明らかでしょう。事実の重みに鈍感な者に、人の命を預かる資格はありません。

いったん表に出たものは、動かぬ事実となり、しかもその事実には、戦闘者の命がかかっています。安易な言動は、正真正銘、命とりになるのです。

嘘をつかないとは、絶対確実なことだけを、疑問の余地なく明確に表に出すということです。そのことは、不確実なことや必要のないことを一切外に出さないという態度と表裏をなしています。嘘をつかないことと、心の内を隠すこととは、同じ一つのことの裏表なのです。

### 情報を盗まれない能力と、情報を盗む能力

表に出た事実のほかは、まったくつかみどころがなく、手の内の読めない大将のことを、『甲陽軍鑑』は「手の外なる大将」と呼んでいます。『甲陽軍鑑』が挙げる「手の外なる大将」の代表は、武田信玄と織田信長ですが、先に挙げた敦賀の乱での行動を見ると、宗滴朝倉教景もまた、典型的な「手の外なる大将」であったといえるように思います。

「手の外なる大将」の見た目の特徴は、しばしば周囲の意表をつく行動に出るという点にあります。

大永七年（一五二七）、朝倉宗滴は、足利義晴・細川高国に加勢を依頼され、京都塩小路千乗寺口で、三好元長率いる四国勢と戦います。四国勢は京の南西、山崎方面から攻め上り、味方は現在の京都駅から東海道本線・西大路駅にかけての一帯に布陣します。敵は南方にありますから、細川勢は当然南正面の防御を厚く備えていました。

ところが宗滴は、南側の守りを放棄して北側の京都市中に向けて要害を堅固にするよう進言します。諸将は皆、「敵ある方をばうちすて、敵なき方を、要害堅固にさせられ候事」を、何とも不審に思います。しかし、やがて宗滴の予想どおり、敵は北方へ迂回（うかい）して攻めかかっ

てきたため、初めは不要と思われていた北側の要害が大いに役に立ったというのです（『宗滴話記』）。これは、宗滴五十一歳のときのことでした。

この場合にも特徴的なのは、宗滴が心の内で何をどう考えているのかが、周りからはわからないということです。明らかなのは、「北側に重点を置いて守れ」という発言と、実際に敵が北方から攻めかかってきた事実だけなのです。

たしかに宗滴の発言や行動は、人々の意表をついています。しかし、彼の言動が根拠のない、でたらめでなかったことは、事実がこれを証明しています。

宗滴が、人の何倍も情報を仕入れ、可能なかぎりの手立てを考え抜いていたことは明らかです。しかし、彼が心の内でどのような推理・判断をめぐらせていたかはついにわからないままで終わります。天下の武士たちは、「まったくもって奇特（不思議）なことだ」と驚くばかりであったと、『話記』は記しています。

もっとも、一つだけ、これは確かだろうと思われることがあります。それは手の内を読まれない大将は、他人の手の内を読むのがうまい大将でもあるということです。情報を盗まれない能力と、情報を盗む能力とは根本のところで同じものなのだということです。

千乗寺口合戦での意表をついた意見は、宗滴が、四国勢の内情や動き、京都周辺の地理などに精通していたことを窺わせます。実際、『宗滴話記』には、彼がいかに情報収集を重視していたかを示す記述がしばしば見られます。

《敵の行、知やう大事之秘事也、何時も敵之者に、代物黄金をあたふれば、有のまゝにしらするもの也、隠密（おんみつ）を以（もって）の故（ゆえ）に、公界（くかい）の人は不レ知候、其行をする間、名大将とはいはるゝ者也、

［現代語訳］

敵の行動を知るには、大事の秘伝がある、どんなときでも、敵の者に相応の報酬・黄金を与えれば、ありのままを教えてくれるものだ。これは極秘の内にすることだから、世間の人には知られていない。これを実行できる者が、名大将と呼ばれるのである》（前掲書）

きれいごとだけで戦闘はできないということを、よく示した言葉だと思われます。と同時に、金銀を積めば必ず転ぶ者がいるというのは、実際にやった者でなければ、なかなかいえない言葉であるように思えます。

敵を買収して情報を得るのが名大将であるというのは、いささかどぎつい意見ですが、情

報戦というものが一から十まで、そういうきわどい仕事であるわけではありません。情報収集の大半は、むしろ地味な努力の積み重ねによってなされるのです。

《武者（いくさ）を心に懸候仁は、隣国之儀は不レ及レ申（もうすにおよばず）、諸国之道のり、其外（そのほか）海山川難所等可二尋知一事、専一に候事、

［現代語訳］

合戦を心にかける者は、隣国は申すまでもなく、諸国の道のり、そのほか海・山・川・難所などを調べ知ることを、専一に心がけねばならない》（前掲書）

地理や気候、諸国の情勢や人物像など、ありとあらゆる基本情報を日頃から蓄積しておくことの大切さは、『宗滴話記』のなかで繰り返し説かれるところです。宗滴は、予想される戦場は、目をつぶってでも走れるくらいに下調べをせよといい、実際自分もそうしていたのだと語っています。指揮官が戦場へ出てから、おもむろに絵図など広げて現場の地理をあれこれ調べるくらい見苦しいことはないとも述べています。それこそ、日頃の準備不足を部下の前にさらけ出すようなものだからです。

## ひたすら考えにふける武士の風貌

宗滴はまた、こんな風にも述べています。

《尋常の年寄、夜は目いねられず、徒然なる由に候、我々は今徒然なる事一向なく候、其故は、まず国中におゐて、北辺之儀は不レ及レ申、或は東を請南を請西を請可二合戦行一、或は不慮に御屋形様と只二人になり、惣国を敵に請、合戦切勝べき調儀、又加州之儀は不レ及レ申、其上に隣国江執懸伐取べき調儀、又天下を執、御屋形様上京させ可レ申謀略、重々様々思案候間に夜を明し候間、一段之慰心之嗜無二申計一候間、聊も徒然に無レ之候事、

［現代語訳］

世間の老人は、夜も目がさえて寝られず、退屈していると聞くが、自分は（このとき宗滴は七十九歳です）全然退屈などしていない。なぜなら、まず越前国内については、主要仮想敵である北方加賀への備え、あるいは東、西、南から攻撃された場合のこと、あるいは思いがけず御屋形様と二人きりで国中を敵に回した場合に戦って切り勝つやり方、さらに加賀はもちろん、隣国へ攻め込んで占領するやり方、果ては御屋形様をかついで上京し、天下を取

る方策などなど、重ね重ね様々に思案しながら夜を明かしているから、いつでも頭のなかはフル回転で、退屈している暇などない》（前掲書）

なぜ、このように考えつづけて飽きないのか。

それは、宗滴にとってあらゆるものが、リアルな「敵」であったからです。世界のすべてが謎であり問いである哲学者が考えることをやめないように、すべてが敵でありうることを実感する戦闘者（宗滴は、御屋形様以外全員敵となる場合も想定しています）は、死ぬまで敵に打ち勝つ手立てを考えつづけるのです。

ひたすら考えにふけっている人間の顔は、独特の測りがたい表情を漂わせているものです。分析し、考えるとき、人はひたすら己れの内に集中します。考える人の顔がどこか謎めいて見えるのは、そのためかもしれません。

そうして、夜も寝ずに、ありとあらゆる情報を分析し、ひたすら来るべき敵に打ち勝つ手立てを考え抜いていた朝倉宗滴の顔も、もしかすると思索する哲人のような謎めいた表情を漂わせていたのではないでしょうか。心の内を盗まれない「手の外なる大将」の顔とは、寝てもさめても敵と戦う、純粋な戦闘者の風貌であったように思われるのです。

# 第五章　武士道の敵は司馬遼太郎

## ――「功利」「損得哲学」の行き着く先

## 「高貴な武士」と「卑しい町人」

これまでの章で、戦闘者たる武士たちが現場で築き上げてきた道徳である「本当の武士道」の姿を見てきました。このような「本当の武士道」が、現代に生きるわれわれに問いかけるものは何でしょうか。

まず、考えなければならないのは、現在、「戦闘者」としての武士は、この社会からほとんどいなくなったという事実です。むしろ現代においては、江戸時代までであれば「町人」と分類される人々が大多数です。

武士がいた時代、特に徳川時代においては、営利活動を行なう町人は「卑しい」存在であるというのが社会的通念でした。この通念は、武士から見た町人のとらえ方に基づくものですが、当の町人たちも、本音のところは別として、基本的に甘んじてそれを受け容れていました。「高貴な武士」と「卑しい町人」という構図はまた、現代においても繰り返し説かれる「品格」論の遠い祖型でもあるでしょう。

では、なぜに町人は卑しい者であるとみなされていたのか。その根拠は、何だったのでしょうか。

もちろん、当時において、町人の活動自体が不必要なものだと考えられていたわけではありません。物の有無を通わす活動、つまり物を確保して流通させる活動が、社会の存立のために、つまりは人々の安心立命を支えるものとして不可欠であることは、誰しもが認めていたことです。有無を通わす活動は、だから「人の道」の一部であり、町人がその活動を通じて得た「利」によって暮らしを立てることは、正当なことであると考えられていました。

問題なのは、正当であるとみなされながら、にもかかわらず町人は「卑しい」とされていたその理由です。

「人の道の実現」を第一義とする士道的な見方からすれば、理由はこういうことになります。町人の活動は、有無を通わすことを目的としているのではなく、有無を通わすことによって得られる「利益」を本当の目的としているからだと。言い換えれば、社会への貢献を「手段」として、営利という「目的」を追求しているから町人は卑しいのだということです。

物の有無を通わす行為は、ささやかながらも世のため人のために寄与しています。すなわち、多少なりとも「品格」のある行ないといえましょう。しかし、「自己の利益の追求」それ自体は、世のため人のためになされる行ないではありません。ましてや、金銭を敬い、金銭に奉仕するような生き方は、けっして他者の共感、感動を呼び起こす営みでもありません。

品格（社会的貢献、人道の実現）を手段として己れの利を追求する町人は、したがって「利」を知って「義」を知らぬ「小人」である。つまり、「卑しい」存在なのだ――。こういう理解は、徳川時代を通じて覆えることはありませんでしたし、今日でも依然として、「お金のことばかりいうのは、さもしい」という感覚として生き残っているのでしょう。

## 町人は「利益」をそっくり捨て去れるか

もちろん、こうした見方に対して、町人の側にまったく反論がなかったわけではありません。

たとえば、商家の雇い人から転じて、町人道徳の講釈家となった石田梅岩（ばいがん）（貞享二年～延享元年、一六八五～一七四四）は、武士が道の実現という職分に応じて得る俸禄と、商人の得る利とは同じ性質のものだと主張しました（「商人の買利（ばいり）は士の禄に同じ」）。つまり、町人は、世のため人のためを目的として活動し、その結果として当然の利益を得ているだけだというのです。

社会貢献を第一義の目的とし、正当な代価を得るという、今日の企業経営の基本理念とも通じるこの考え方は、しかし「道を行なう者」を自任する武士には、まったく通用しません。武士の立場（士道）からすれば、もし社会貢献が真の目的なら、場合によっては、町人は利益をそっくり捨て去ることができなければなりません。第一義の目的とは、他をすべて捨てても守るべきものであるはずだからです。げんに武士は、道（たとえば主君への忠義）のためには、時として財産はおろか、自分の命をも投げ出すべきだと考えていました。

しかし現実には、より上位の価値のために進んで利益・財産を投げ出す町人はほとんどいませんでした。もちろん、快楽と浪費を窮める「大尽」や、身上をそっくり政治活動に捧げるような町人がいなかったわけではありません。しかし、一般町人の感覚からすれば、彼らはあくまでも例外者でした。そうして大多数の町人は、場合によっては義のために腹を切る「立派なお武家様」を前に、自分たちは利を捨てられない「卑しい」存在であることを、不承不承とはいえ認めざるをえなかったのです。

町人が利益を自分から捨てることはありえないことを、いささか居直り気味に正当化しようとしたのは、やはり石田梅岩でした。彼は、主著『都鄙問答』のなかで、次のような議論を展開しています。

梅岩は先に紹介したように、商人の利は、武士の俸禄と同じ（商人ノ買利ハ士ノ禄ニ同ジ）

だといいます。「商人の俸禄は、給与の形ではなく、商品売買の利益として得られる。売買して直接そこから利を取るのが「商人の道」だというのです。

しかし、このような梅岩の主張に対して、「利が俸禄と同じであるとするなら、それには一定の割合が決まっているべきではないか。取引ごとに、多く儲けたり、値引きして売ったりするのはおかしいのではないか」という問いが立てられます。

これに対して、梅岩はこう答えてみせます。売買には、時の相場がある。相場の高下は「天のなす所」であって、商人の「私」によるのではない。天の命ずるところに従うのが人の道であるなら、上げ相場で多くの利を取り、下げで弱気に出るのは、「天理」に従うことではないか、と。

この議論は、わが国において「市場原理主義」が公然と自己主張した最も早い例の一つでしょう。それはまた、おそらく大多数の町人の本音を代弁するものでもありましょう。

けれども、武士の目からすれば、このような理屈は、町人が「名」(名誉、品格)を捨てて「利」を取る卑しい存在であることを自ら証拠立てるものにほかなりません。取れる利益は取れるだけ取るのが「道」だということは、利益を自分から捨てたり、遠慮したりする理由は何もないということだからです。つまり、利益は町人にとって、無制限・絶対的なものであるということを意味します。

相場の高下が「天のなす所」だというのは、たしかに町人たちの実感であったかもしれません。しかし、取れるだけ取るのが道だという考え方は、徳川時代を通じて、社会的に公認されることはありませんでした。「道」はあくまでも人々の安心立命を保証することの側にあったのであり、学問・道徳・芸術といった「品格」を支えるものを押しのけて、経済活動が価値の王座を占めるような逆転は起こらなかったのです。相場の変動は、「天のなす所」などではなく、「私欲の闘争にすぎない」というのが武士の常識でした。

町人たちもまた、蔑まれるべき行為をしていることを承知していましたから、逆によりいっそう「人の道」を重んじ、品格を大切なものとして扱いました。正直、禁欲、勤勉といった道徳が口を酸っぱくして説かれたのも、そのことをよく示しています。

## 利益を超えた大いなるものへの畏敬

利益が多く上がることは、町人としての才覚の優秀さを示すものではあっても、それ自体はけっして自慢すべきことではありません。誉められるべきは、利益の獲得とは別のところにあります。利益を誇るのは奢りであり、コストの削減を誇るのは吝嗇です。営利活動は、あくまでも慎ましく謙虚でなければならないのです。

こうした感覚は、町人の本音と西洋の功利主義が結びついて、品格と営利の地位が逆転した明治以降、確実に薄れてきているのかもしれません。何千億円の利益などということが、まるで手柄話のように語られるということは、営利活動が、豊かな人格の共同性(人の道)やそれを支える精神的文化に、何の遠慮もしなくなっていることを示しています。

もちろん、心ある企業人は、「そんなことはない」というでしょう。しかしながら、人の道・品格への畏敬は「こんなに儲かってよいのか」「儲かりすぎて怖い」という内心の声にこそ居所を持っているはずです。

「文明男子の目的は銭に在り」(福沢諭吉「学問の所得を活用するは何れの地位に於てす可きや」、『福澤諭吉全集　第十一巻』岩波書店)という発言に与しないことを証明しようとするなら、営利に携わる者は、自分から利益を投げ出したり、制限したりすることができるのだということを態度で示すほかありません。すなわち、市場の理を超えた「無理」ができるかどうかということです。

誤解のないようにいっておきますが、これは、「儲けすぎの企業の利益を、福祉に回せ」というような、裏返しの金銭至上主義の主張ではありません。利益を求める者同士の争いなら、お互い一歩も引く必要はありません。いいたいのは、利益ではない本当の価値の探求、利益を超えた大いなるものへの畏敬なのです。

たとえば、こういうことです。企業が、社会的貢献として「寄付」をする。この行為が、しかし、何らかか別の目的のためのコストとしてなされているのなら、それはやはり「品格」を手段として扱っているにすぎません。そこには、品格への畏敬はかけらも存しません。「品格」が目的であり、利益以上の価値であるとするなら、それは市場原理のなかにはまったく理由のない、異様な行為としてなされねばなりません。究極の物差しは、無論、利益を全部投げ出すかどうかです。それは不可能だとして、少なくとも、営利活動と品格を両立させるためには、企業人は自分で尊いものを発見し、それに身を捧げる気概を持てるかどうか。それが問われるはずなのです。

そのときにおいて、「武士道」は何を語ってくれるのか。そのことをよくよく考えてみる必要があります。

## 「功利主義者、唯物主義者の損得哲学」こそが敵

武士道の現代的意味を、別の側面からも考えてみましょう。

武士道は、本来、腰に刀を差した「武士」の思想です。武士という生き方を離れたところに、武士道はありえません。

ところが皮肉なことに、「武士道」という言葉が広く世間に知られるようになったのは、武士階級が消滅し、武士道の実体が失われた、明治半ば以降のことでした。武士がいなくなった近代になって、初めて武士道は一つの流行思想となったのです。

明治以降、今日に至るまで、じつに多くの人々が武士道精神の復興を主張しつづけてきました。たとえば戦前には、忠君愛国・滅私奉公の道徳が「武士道」の看板を掲げて声高に主張されていました。また近年では、惻隠の心や公共心が、これまた「武士道」の名のもとに説かれています。

しかしながら、こうした主張は、別に武士そのものの復活を説いているわけではありません。近代の武士道論者は、江戸時代の身分制度や、切腹・仇討ちといった風習の復活を望んで武士道を主張しているわけではないのです。

ということは、彼らにとって、武士たちが実際に体現しようと努めた「武士道」そのものは、実はどうでもよい問題であったということになります。

近代の武士道主義者たちに必要だったのは、武士が体現していた思想そのものではなく、武士道の名を借りて、ある種の思想的主張をすることでした。しかも、その主張の具体的中身は、説く者によってかなり異なっています。同じ武士道の名で説かれてはいても、「お国のために死ぬ」という軍国主義的武士道の内容と、規範意識や惻隠の心を中心に据える新渡戸稲造のような武士道の主張とでは、かなり大きな隔たりがあります。

もちろん、それらの主張と本来の武士の思想とが、まったく無関係であるわけではありません。滅私も惻隠も、たしかに武士道の内に含まれる要素ではありますが、しかしそれらは、必ずしも武士道の核心ではないし、ましてや、そのすべてでもありません。

武士道そのものの復活を説くわけでもなく、中身もまた様々な思想的主張が、しかし一様に武士道の看板を掲げているという事態は何を意味するのでしょうか。

中身がどれほど異なって見えようとも、「武士道」の名を冠した思想的主張には、一つの決定的な共通点があります。それは、どんな武士道論でも、武士道の看板を掲げている以上、相手にしている敵はただ一つだという点です。

武士道の敵とは何か。

大きくいえば、それは「精神的な価値よりも、物質的価値を上位に置こうとする思想傾向一般」でしょう。新渡戸稲造の言葉を使うなら、「功利主義者および唯物主義者の損得哲学」

（矢内原忠雄訳、岩波文庫版『武士道』）が、まさにそれに当たります。

## 品格の喪失は、近代国家の構造的欠陥

武士階級が消滅し、近代国家が成立する。新渡戸をはじめとする武士道論者たちは、この転換を、倫理（人の道）が至上価値の座を追われ、それに代わって、経済合理性に基づく利益追求が価値の頂点に立ったものと捉えています。

利益よりも道義や名誉を重んずる武士の時代が終わり、「詭弁家、経済家、計算家」の新時代が始まったと新渡戸はいいます。「名誉の巌の上に建てられ、名誉によりて防備せられたる国家」は、「屁理屈の武器をもって武装せる三百代言の法律家や饒舌の政治家の掌中に急速に落ち」（同）、「品格」なき国家がここに誕生したというのです。

そもそも、今日多くの論者が警鐘を打ち鳴らす、いわゆる道徳や品格の喪失は、けっして最近に始まった現象ではありません。それは、近代国家成立とともに生じた、近代国家のいわば構造的欠陥なのであって、別に戦後教育やバブル経済やらが主な原因であるわけではない。経済合理性に基づく自己の利益の追求は、近代国家そのものの至上原理であり、戦後民主主義やバブル紳士だけの専売特許ではないのです。

たとえば今日、「学問」と「金銭」とで、どちらが大切なものとされているかといえば、誰がなんといおうと、世の中の事実としては明らかに金銭の地位が上でしょう。世間であれ政府であれ、学問に対する評価の第一基準は、それが何の役に立つのか、つまりはその研究がどれだけの利益を生むのかということに置かれます。だから、学問研究者は、いつも自分の研究がこれだけの利益を社会にもたらすのだという言い訳をしつづけていなければ、研究を行なうことができなくなっています。

分子生物学を例にとれば、おいしい牛肉ができるとか、医療に役立つといった言い訳をしなければ、研究費も出なければ、学科・分野そのものの存続すら危うくなる。生命のメカニズムを知るという本当の目的などは、一顧だにされないのです。

しかし、このような状況は、実は近代国家の成立した明治の昔から、少しも変わっていません。たとえば福沢諭吉は前掲論説（「学問の所得を活用するは何れの地位に於てす可きや」）で、「学問は人生の目的にあらず」と明言しています。学問を究めて大学者になったとしても、その学問を活用して自身の生計を豊かにし、国家を富ますのでなければ、学問も結局は一種の遊芸であって、この忙しい世の中にはまったく「無益の沙汰」なのだと福沢はいいます。国家の政策も社会の常識も、今日に至るまでじつに正確に、この福沢の言葉を復唱しつづけているといえるでしょう。

福沢にならっていうなら、学問（もちろん芸術も道徳も、およそ精神的価値を追求する営みは皆同じ扱いとなるでしょう）は、それ自体が人生の目的となるものではありません。人生の究極の目的、それは要するに金銭に換算される「利」です。なぜなら、人間の本性は、「利」を求めることにあるからです。したがって、「此点（このてん）より見れば文明男子の目的は銭に在りと云ふも可ならん」と福沢はいうのです（福沢、前掲論説）。明治文明国家を支えた「明治の精神」とは、ありていにいえばまさにそのような「損得哲学」にほかなりません。

## 司馬文学が描き出す英雄たち

近代文明社会の根本的価値観を形づくるのは、「功利主義者および唯物主義者の損得哲学」です。われわれは、否応（いやおう）なしに、経済原理に基づくシステムに組み込まれている。しかし、もとはといえばそのシステムは、明治時代、われわれの祖先が自ら選び取り、喜々として受け容れたものです。

人々は、なぜ経済原理を至上価値として受け容れたのか。それは、経済原理が、それまでの価値観・哲学に比べて、確実に富と力をもたらしてくれるものだったからです。

礼儀・格式・名声といった余計なものにこだわりながら商売するよりも、なりふり構わず損得だけを考えたほうが、たしかに利益は上がるはずです。しかし、そのような商売は卑しく品がないものと低く見られていたのが、近世までの日本社会でした。

この価値観が逆転して、ひたすら損得を追求する経済合理性こそが、良いことであり、正しいことであると認められたとき、近代社会が成立します。そうして、いったん損得哲学が肯定されてしまうと、それはあっという間に社会の隅々にまで浸透するのです。なぜなら、福沢のいうように、好んで貧乏になりたい人間などは、まず一〇〇人に一人もいないからです（「百中の九十九までは大に富まんことを欲せざる者なし」福沢、前掲論説）。

近代文明の力の根源である科学技術は、こうした損得哲学の下でこそ、十全な力を発揮し、フル回転で進歩します。鉄砲は卑怯だから使わないとか、神様の土地だから手をつけないなどといって、精神的価値（道徳・宗教・芸術）のしがらみにとらわれていては、科学技術の力は発揮できません。そうした、しがらみを捨てることが許されたとき、科学技術は、まさに無制限の力を発揮しはじめたのです。

道徳や宗教のしがらみを捨てて、損得・合理性の追求に徹底する。それを「明治の精神」として高らかに肯定してみせたわかりやすい例が、司馬遼太郎の描く明治人の群像です。生きざまと名誉を懸けて白兵突撃に固執する乃木希典将軍を、二八センチ重砲の威力によって戯画化する。あるいは、伝統や格式を虚仮にし、なりふり構わぬ近代的雑軍（奇兵隊）の勝利に快哉を叫ぶ。

経済原理とその手足たる科学技術への賛美は、司馬遼太郎の明治物の基調原理となっているのみならず、彼の歴史小説全般に通底する基本的価直観でもあります。『国盗り物語』であれ、『箱根の坂』であれ、彼が礼賛し、描き出すものは、武士としての戦国武将ではなく、伝統のしがらみにとらわれない功利主義者・唯物主義者の思想です。

名を捨て、義を捨てて、利と力を追求する、それが、司馬遼太郎が共感をもって描き出す人物像です。織田信長や豊臣秀吉、高杉晋作や大村益次郎は（実際に彼らがそうであったとは必ずしも思えませんが）、少なくとも司馬が描くかぎり、そういう人物の典型となります。

鉄板の厚さが、あるいは無煙火薬が勝負を決める。それはある意味、当たり前のことです。その当たり前がなかなか気づかれず、実行されないのは、伝統・格式・道徳・美意識といった、様々なしがらみに縛られているからであって、そのしがらみを捨て去って、勝利を、すなわち「力と利」を手に入れた人物が、司馬文学の英雄となるのです。

## 損得哲学は「魂の半分しかない」人間を増やす

けれども、明治から今日に至る武士道主義者たちが、目の敵にして否定しようとしたものこそは、まさにそのような司馬遼太郎的価値観そのものにほかならないのです。

たとえば、新渡戸稲造はこういっています。少し長くなりますが、もし新渡戸が司馬遼太郎の小説を読んだら、おそらく趣旨を認めなかっただろうということがよくわかる部分なので、ひとまとまりで引用します。

《或いは言う、日本が中国との最近の戦争に勝ったのは村田銃とクルップ砲によりてであると。また言う、この勝利は近代的なる学校制度の働きであると。しかしながらこれらは真理の半面たるにも当らない。たといエールバーもしくはスタインウェイの最良の製作にかかるものでも、名音楽家の手によらずして、ピアノそのものがリストのラプソディもしくはベートーヴェンのソナタを弾奏し出すことがあるか。さらにもし銃砲が戦(いくさ)に勝つものならば、何故ルイ・ナポレオンはそのミトライユーズ式機関銃をもってプロシャ軍を撃破しなかったのであるか。或いはスペイン人はそのモーゼル銃をもって、旧式のレミントン銃をもって武装したるに過ぎざりしフィリッピン人を破ることをえなかったのであるか。活力を与えるものは精神でありそれなくしては最良の器具もほとんど益するところがない、という陳腐の言を繰り返す必要はない。最も進歩せる銃砲も自ら発射せず、最も近代的なる教育制度も臆病者を勇士と成すをえない。否！　鴨緑江において、朝鮮および満洲において戦勝したるものは、我々の手を導き我々の心臓に搏ちつつある我らが父祖の威霊である。これらの霊、我が武勇なる祖先の魂は死せず、見る目有る者には明らかに見える。最も進んだ思想の日本人にてもその皮に搔痕を付けて見れば、一人の武士が下から現われる》（新渡戸、前掲書）

もちろん司馬遼太郎なら、日清戦争勝利の最大の功績者は、武士の流儀や面子にとらわれずに新技術の導入を断行した人物だというでしょう。あるいは、仁義礼智で固まった旧弊な頭ではなく、西洋的合理主義の洗礼を受けた頭脳こそが、勝利の原動力であったというに違いありません。

しかし、新渡戸が「武士道」の名の下に批判しようとするのは、まさにそのような司馬的発想そのものなのです。

たしかに、弓刀で村田銃やクルップ砲に対抗することはできません。新技術や近代的制度の威力は、十分に認めなければなりません。しかしそれは、「真理の半面」にすら足りないものであると新渡戸はいいます。

新渡戸が恐れるのは、科学技術文明の威力に目がくらむあまり、功利主義的思想が絶対視され、人間にとって最も大切なものが見失われてしまうことです。

大砲の性能をどれだけ向上させても、それにつれて人間の質が向上するわけではない。利益や力を得る方法がどれだけ効率化しても、そのことは人格の向上には何の益ももたらさない。損得哲学は、物や利益は上手に生み出しますが、けっして十全な人間をつくることはできません。損得哲学は、「魂の半分しかない」人間ばかりを増やしていくのです。

《功利主義者および唯物主義者の損得哲学は、魂の半分しかない屁理屈屋の好むところとなった》（新渡戸、前掲書）

では、魂の主たる部分をつくるものは、何か。「功利主義および唯物主義に拮抗するに足る強力なる倫理体系」である、と新渡戸はいいます。そして、この「強力なる倫理体系」は、科学技術を生み出した西洋世界の道徳を形づくる「キリスト教」以外にはないと新渡戸は考えました。そうして、キリスト教を受け容れるために、明治以前の日本社会において功利主義的思想に対抗し、それを抑えつけていた武士道の精神をもう一度見直すことが必要であるというのが、新渡戸が「武士道」に注目した最大の理由だったのです。

キリスト教を導入する素地として武士道を捉えるという発想はともかくとしても、「功利主義的思想に対抗するものとして、武士道を再評価する」という姿勢は、新渡戸以外の様々な武士道主義者にも共通して見られるものです。

## 武士たちはなぜ信長、秀吉を認めなかったか

それにしても、いったいなぜ彼らは、武士道に着目したのでしょうか。どうしてそれは、他の様々な伝統的思想ではなく、武士道でなければならなかったのか。

たしかに武士道は、「利」よりも「義」や「名」を重んずる思想です。たとえ建前のうえであれ、武士たちが営利活動を卑しいものとして軽蔑し、「人の道」の実現を自らの任務であると考えていたのは事実です。しかし、精神的価値を物質的価値よりも上に置くというだけなら、そういう思想は何も武士道だけにはかぎりません。それは、およそあらゆる反世俗的思想（特に宗教）に共通する原理です。功利主義の否定ということであれば、たとえば、

あらゆる執着を捨てることを説く仏教思想のほうが、はるかに徹底しているといえるでしょう。

武士道は、たしかに功利主義を否定する思想の一つです。ただ、武士道は、仏教や儒教道徳など他の功利主義否定思想とは、大きく異なる特徴をもっています。それは、武士道の反功利主義的思想が、ほかでもない、徹底した功利追求の現場のなかから生まれてきたという点です。

本書でこれまで見てきたように、「武士道」という名の思想が育まれた揺り籠（ゆりかご）は、泥と血にまみれた戦国乱世でした。勝たないことにはお話にならない。どんなきれいごとを並べても、負けてしまってはそれまでという、冷厳な勝負の世界。武士道は、そういう世界を生き抜いた男たちの生きざまのなかから生まれてきたのです。

乱世を生きた武士たちの最大の関心は、だから、何をおいてもまずは戦いに勝つ強さでした。もちろん彼らは、戦いに勝つためにありとあらゆる手段を動員します。そこにはまさに、徹底した合理的思考と功利の追求もありました。

その典型が、武士の誇りや義理を捨て去り、ひたすら勝利の方程式を追求した織田信長と豊臣秀吉でしょう。

信長や秀吉は、たしかに勝利を手にしました。しかし彼らの強さは、名を捨てて実利を追求することによって得られた強さです。たとえば有名な越前金ケ崎の戦いで、信長は「味方を捨て、岐阜へ早々」と逃げ帰る。味方が「一万二万死したるとも、それに信長は困る事もなし」という流儀によって、信長は最後の勝ちを手に入れる。尼子勝久・山中鹿介（しかのすけ）に援軍を出していたときも、敵、毛利勢の来援を見た信長は、たちまち尼子・山中を見捨てて撤退する。武士としての理想や意地を捨てて勝ちを手に入れるのが、信長・秀吉流の成功の秘訣でした（『甲陽軍鑑』）。

しかしながら、最終的に武士たちは、信長・秀吉流のやり方を武士の理想とは認めませんでした。乱世が去り、武士の生きざまがあらためて反省された江戸時代に、武士のあるべきありよう（武士道）として認められたのは、結局、名誉や義理を捨てることなく強さを追求した、武田信玄や徳川家康の流儀だったのです。

きれいごとでない現場を、ありとあらゆる手段を追求しながら生き抜いた武士たちが最終的に選択したのは、功利を超えた理想の価値でした。ある意味で武士道は、信長・秀吉の思想を否定するものとして確立したともいえるでしょう。

## 損得追求の果てに現われる精神的価値

武士道は、新渡戸のいうように、「勝つためには何でもする」という野蛮を規制するために外から持ち込まれた道徳なのではありません。勝つためには何でもするという現場をのたうちまわっているなかで、武士たち自身が発見した、損得哲学を超える「道」なのです。

そのことは、前章でも見てきたとおりです。『朝倉宗滴話記』は、「豪の者であろうと並の武士であろうと、およそ戦闘者たる者の第一条件は、嘘をつかぬということだ。少しも怪しい言動をせず、常日頃から律義を立てて、恥を知る振る舞いをするのが本である」といいます。嘘をつかないというのは、武士道の根幹をなす道徳です。

しかし、武士たちはその道徳を、自分たちの生きざまと離れた、どこか別のところからもってきたわけではありません。『朝倉宗滴話記』は嘘をついてはいけない理由について、こう書きます。「なぜなら、いざという大事に当たっては、普段から嘘をつき、胡散臭い人物は、いくらその時にまじめなことをいっても、いつもの嘘つきめがと後ろ指をさされ、敵からも味方からも信用されないからである。よくよく日頃のたしなみが必要である」。

彼らはたしかに、あらゆる手段を使って利と力を追求する現場のなかから、嘘をつかぬという道徳を発見したのです。

武士道以前の血みどろの現場のなかで発せられた朝倉宗滴の言葉は、だから、見ようによってはいかにも功利的な道徳論議であるように見えます。実際、のちに、武士の生きざまを「士道」という道徳体系にまとめあげた山鹿素行は、この言葉を「偽りをいわないという道徳を、役に立つ立たないという有用性で説明する」ものだと批判しています（『士談』一）。

たしかに宗滴は、そのほうが得だという損得哲学の理屈によって、嘘をつかないという道徳を根拠づけました。しかし、そもそも『宗滴話記』は道徳理論を記した哲学書ではありません。あくまでも、戦闘者が戦場の体験から得られた知恵を語る、いわゆる武者雑談なのです。

宗滴は、前章で紹介したような血みどろの合戦経験のなかから、武士の第一条件とは「嘘をつかぬ」ことだと発見したのです。彼にとっては、嘘をつかないという道徳は、実戦経験を通じて発見された様々な方策――たとえば諸国の地理に精通すべきであるとか、陣取り・陣替えは雨天を前提として準備せよといった――と同様、勝ちを追求するなかで自ずと発見された一つの知恵にすぎないものだともいえましょう。

だから、嘘をつかないことの理由づけが、戦いの利・不利に結びつけられるのは、戦闘者の実感として当然のことなのです。

問題はむしろ、あらゆる功利的手段が試される「きれいごとでない現場」のなかで、損得の追求の果てに出てきたものが、結局は道徳であり、精神的な価値であったというところにあります。そのような現場から見出された最高の価値が、腕力でも財力でも、知力でもない、「嘘をつかぬ」というような高貴な人間的価値であったことは、注目に値します。このことは、武士道以前の争闘現場が最終的に善しとしたものが、信長・秀吉流の功利主義ではなく、信玄・家康流の「武士道」であったことに、対応するからです。

## 勝利をめざす功利の帰着点は「滅亡」

武士道以前の現場は、なぜ功利主義ではなく、武士道に行き着いたのでしょうか。考えられる理由は、武士道を生んだ武士道以前の現場が、功利が極限まで追求され、きれいも汚いもあらゆる手立てが出尽くした、そういう現場だったからでしょう。武士たちは、そこで、功利の行き着く限界を見届けたのです。

功利の行き着く、その果てに武士たちは何を見たのか。秀れた武士たちが一様に見出したそのものとは、意外にも「滅亡」でした。

勝利であれ、金銭的利益であれ、利の追求ということには、そもそもこれで打ち止めという終点がありません。功利は、だから、利という最終目的をめざす手段であるように見えながら、その実、到達目的を欠いた空しい営みなのです。

試合終了や「上がり」が約束されているゲームと違って、現実の闘争には、最後の勝利とか、利益獲得の最終的達成といったものは存在しません。たとえ世界全部を戦い取っても、未来永劫にわたって「敵」という存在が消滅するわけではありません。いつ、新たな敵が出てくるかという怖れがなくなることは、ありえません。

言い方を換えれば、こういうことです。もし、勝利に最終到達点があるとすれば、そこは「負け」ということがなくなる地点であるはずです。しかし、「勝ち」は、「負け」があるがゆえにこそ「勝ち」として存在するのです。どれほど勝利を積み重ねていっても、負ける可能性がゼロになる地点へ到達することはできません。

ということは、勝ちを重ねていった果てに、もしも行き着く果てがあるとすれば、それはもはやこれ以上戦って勝つことができなくなる地点、つまり負けて滅亡すること以外にはないでしょう。「勝利をめざす功利」とは、存在しない最後の勝利に誘惑されながら、ひたすら滅亡をめざす、異様な営みにほかならないのです。

もちろん武士たちは、そういう屈折した理屈をひねることによって、功利の限界を見つけたわけではありません。ただ、彼らの踏んだ場数が、次のようなことを直感させているにすぎません。

朝倉宗滴はこう述べます。

《惣別代物(そうべつだいもつ)黄金充満候へば、大名によらず末々の者迄も、一度凶事出来候て、滅亡するものと相見へ候、

[現代語訳]

だいたい、銭や黄金が充満すると、大名だけでなく下々の者も、必ず凶事が起こって滅亡するものと思われる》（『朝倉宗滴話記』、同文館編輯局編『日本教育文庫　訓誡篇　中』同文館より。現代語訳は引用者）

あるいは、『甲陽軍鑑』では、ひたすら勝ちにこだわり、勝利を重ねていく大将の行く末が次のように語られます。

《前に強過たる大将、末によはき（弱き）大将にひとつなりと書しるす》（『甲陽軍鑑』品第十四、甲斐志料刊行会『甲斐志料集成〈九〉』大和屋書店）

『甲陽軍鑑』は、国を滅ぼし、家を破る大将の四類型として、「第一番には馬鹿成る大将、第二番に利根過たる大将、第三番に臆病成る大将、第四番につよ過たる大将」（品第十一）と挙げています。「強すぎたる大将」が「馬鹿なる大将」「利根すぎたる（＝計算高く、利害損得に敏感すぎる）大将」「臆病なる大将」と並列されているのです。

大将が強すぎると、「いくたりの人を大小共に非業の死にせさせ給ふ物なり」（品第十四）と『甲陽軍鑑』は説きます。強すぎる大将は計策武略を「弱きに相似たる」ものとして嫌い、正々堂々の戦いを好む。その結果、どんどん家来が死んでいく。とりわけ「よき侍」が斃（たお）れ、人並みの男ばかりが残る。しかも、その人並みの男たちは、「強すぎる大将の下で討ち死にして妻子と別れるのは損だ」と考え、合戦の場では捨て首を一つ二つ拾って仕事をしたふりをするような、「猿のごとくなる侍」になってしまう。かくして強すぎる大将の国は、どんどん弱体化してしまうというのです。

嘘や策略の力で戦ったら、いずれ信用されなくなって敗れ、正々堂々の戦いを重ねても、やがて弱体化して滅びる。これはどこまでも現場のリアリズムに立脚した、透徹した看破だといえるでしょう。

## 「利のための利」では意味づけられぬもの

このような発想は、もしかすると、西洋の功利主義思想のなかからは生まれにくいものなのかもしれません。というのも、西洋キリスト教世界においては、人間のあらゆる営みが最後に到達する絶対的ゴールの存在が信じられているように思われるからです。

そのゴールとは、いうまでもなく、神による最後の審判です。何万年先であれ、必ずゴールがあると信じられているならば、人は闘争に倦むことはないでしょう。試合終了が定められているゲームなら、人はすべてを忘れてそれに没頭することができます。到達点の存在が信じられているかぎり、治乱興亡は夢の如しという無常感に襲われる心配もありません。

しかし、だからといって、武士たちが自分たちの命を懸けた行為が無意味なものだと思ったわけではありません。彼らはただ、勝ちのために勝ちを求める、あるいは利のために利を求めるということでは、自分たちの行為が意味づけられないことを悟ったのです。

武士のしわざを功利の観点から捉えるかぎり、それはついに空しい。しかし、自分たちの営みに意味がないはずはない。それは、功利を超えたもっと大きな立場において、価値あるものであるはずだ。そういう自負が、それまで功利のなかに埋没し、忘れ去られていたかに見えた「精神的価値（道徳や宗教）」を、再発見させていったのです。

実際に手に武器を取って戦ったことがなければ「覚えある大将」とは呼べないといい、げんに「自身の持道具に血を付」けた経験を何度ももつ朝倉宗滴もまた、「侍は信心肝要なり」といいます。宗滴自身、京都大徳寺山門の造営費用として銭五万疋（ひき）を寄進しています（『宗長日記』）。織田信長は、自らに敵対する比叡山を焼き討ちしましたが、そのような流儀は、「持道具に血を付」ける世界においても、けっして主流とはなりえなかったのです。

いずれにしても、武骨な戦闘者の世界である武士道以前が、道徳や宗教に行き着いたということは、功利の争われる現場が、まさに戦闘という極限状況であったということと無関係ではありません。

いうまでもなく、戦闘は、生死を懸けた究極の争いです。どのような手段を追求するにせよ、結果として現われるのは、生か死かという、のっぴきならない事実です。

戦闘者の世界における功利主義と、生命の危険のないところで得失を争う金銭哲学とでは、おそらくその深さにおいて雲泥の差があるでしょう。生死の極限において利を追求するという異常な営みは、「そもそも追求されるべき利とは何か」という絶えざる反省を促しつづけます。武士は、生存を懸けた戦闘に従事する者であることによって、功利主義そのものの意味を問う大きな視点を獲得することができたのです。

明治以降、今日に至る日本社会は、損得哲学が根本的に正当化されているという意味で、武士道以前の世界に類似しています。異なるのは、今日の社会が、いまだあらゆる手段の行き着く先を見届けておらず、そしてまた、人間存在そのものを秤にかけて功利主義の意味を問うてもいないということです。

しかし、われわれの歴史は、すでに一度、「犬ともいへ、畜生ともいへ」の争闘を見届けた経験をもちます。そして、行き着く先を見届けた者たちの結論が、道徳や宗教であったことも知っているのです。

一度は決着のついたこの争闘を、われわれの社会はもう一回繰り返してみようとしているのでしょうか。われわれは、再び行き着くところまで行かねばならないのでしょうか。

世の武士道主義者たちが繰り返し問いつづけてきたのは、まさにこのような「武士道以前」を抜け出す道筋だったのです。

# 第六章　日本人が本当に望み、理想とした生き方
## ——皇室とサザエさん

## 日本人が最も大切にしてきたものは何か

第三章の最後のところで、大切なものを大切に思う情の深さ、すなわち、もののあわれを深く知る心が、武士の強さと一体になっているということを述べました。大切なものを守る気持ちが、戦闘という行為のモチベーションとなることはいうまでもないことと思います。

もちろん、生命、財産、家族、名誉、正義など、人間にとって大切なものは、じつに様々です。ここで考えてみたいのは、武士たちが、他の価値あるものすべてを捨ててでも守ろうとした「最も大切なもの」はいったい何であったのかということです。

武士たちが、これだけはどうしても譲れない、いわば最後の一線として命をかけて守ろうとしたものを問うことは、「日本人が最も大切にしてきたものは何か」ということを考えることにもつながってきます。

いわゆる武士階級は、江戸時代においても、全人口の一割ほど、国民全体のほんの一部分にすぎなかったのは確かでしょう。しかし、時代により、また身分の上下によって幅はありますが、武士は基本的に農業経営者でした。つまり、武士たちは、かつての大多数の日本人と同じく、農地と家族労働を基盤とした家の生活を営んでいたのです。

そして、武士たちが、他の何をおいても最終的に守ろうとしたのは、日本の風土に根ざし、家族が一体となった「家」の生活でした。

このことを念頭に置いて考えていけば、多くの日本人が長い歴史のなかで築いてきた生活の理想、すなわち自分たちの生活にとって最も大切なものが何であったかということが浮かび上がってくるでしょう。「武士道」という枠をいったん離れて、「日本人が本当に望んでいる生き方」とはどのようなものであったかを、考えていきたいと思います。

「日本人」といっても、自分の意見を大きな声で主張するいわゆるエリートや政治家などの特別な人々ではありません。そうではなく、むしろ普段は自分の意見などを大声で唱えるようなことのない、大多数の声なき平凡な人々が、本当のところは何を考えてきたのか、ということを問題にしていきたいと考えています。

ところで、「本当に望んでいる生き方は何ですか」と問うてみたところで、一般の人は普段、特にそのような理屈を考えて生活しているわけではありません。私もそうですし、読者の皆さんもそうでしょう。実際に日々の暮らしを送りながら、その生活のなかで、何らか自分のしたいことを実現しているわけです。

しかし、たとえば大震災や気象災害などに見舞われたような危急のときには、「日本人が、どうしてもこれだけは失いたくないと考えるものは何か。譲れない最後の一線は何か」ということを強烈に突きつけられることになります。

もっというならば、「日本社会が目標や理想を見失ったために、漠然とした先の見えない不安感が蔓延している」などと、何十年にもわたって指摘されつづけています。若者が引き籠もりになる。将来の希望が見つからない。意味不明な犯罪が起こる。そのようなことが起きるたびに、マスコミや論壇では、そういう議論が繰り広げられます。

しかし考えてみれば、社会の「目標」なり「理想」なりが見失われたのは、ここ最近のことではなく、むしろ、明治時代以降、ずっとそうだったのではないでしょうか。たしかに、戦後長い間、日本人が精神的な価値について議論することをずっと怠ってきていることは間違いありませんが、それはけっして戦後だけのことではありません。

それはきっと、明治以来の科学技術や産業経済の受け容れ方に問題があったからであるように思われます。第二章で、近代社会は「誰でも、何にでもなれる」という思想を前面に押し出しつつ、実際には、個々人の「持ち味」を押し殺すようなシステムを構築してきたのだと述べました。西洋人の場合は、そのような情況を、様々な議論や葛藤とともに自分たち自身の選択として——歴史的な経緯で見れば、度重なる革命や多くの思想家の苦闘を通じて

——受け容れてきたわけです。

しかし日本の場合は、西洋列強諸国から侵略されるという危機感のなかで、否応なしに受け容れざるをえなかった。とにかく、西洋の科学技術文明や経済的な合理性など、役に立つものをどんどん導入して、富国強兵を図っていきました。

そのため日本では、科学技術文明や経済合理性を導入して「何をしようとしているのか」「何になろうとしているのか」については、あまり議論されませんでした。コストがどのくらいかかるのか、スケジュール的にはどうなのか、技術的な問題は解決できるのか、などといったことは議論されても、「それがいったい何の意味を持つのか」という価値についての議論は、ほとんどなされなかったのです。

価値を問わずに科学技術を受け容れていっても、外見的なことだけでいえば、間違いなく生活はどんどん豊かになっていきます。豊かになれば、とても心地よい。それゆえ、さらに豊かで便利なもの、役に立つものを追いかけていくことになります。

そうしているうちに、本当に何も考えぬままに、どんどんと社会を変えてきてしまった。ふと気づいたときに茫然（ぼうぜん）としてしまう。それがいまの日本ではないでしょうか。自分たちはいったい何のためにこういう努力をしてきたのか、わけがわからない状態です。

昭和の高度成長期くらいまでは、日本もまだ貧しかったので、とりあえず腹一杯になることをめざしていればよかったのですが、現在のように、ある程度豊かになってくると、若い人からすれば、仕事をしてもしなくても、とりあえず飢え死にすることはありません。しばらくはアルバイトをしてでも、あるいは親に養われてでも生きていける。しゃかりきになって学歴社会を生き抜き、なるべくいい会社に入って仕事をしなければ、すぐにその日からご飯が食べられないという状況は、いまはなくなっています。

すると、「有用だ」「役に立つ」ということだけで追いかけてきた価値は、たちどころに意味がなくなってしまいます。何のために働くのかもわからない。ある意味では、有用な価値だけを追いかけてきて、それ以外の価値について考えてこなかったことのツケが回ってきたということでしょう。

いまもメディアや世間では、いろいろなことがいわれています。特に経済学や政治学の専門家たちが様々な主張を繰り広げる。しかし、ほとんどの場合、明治のときと変わらず、コストのことや技術的な問題についての議論に終始しています。意味や価値について、あるいは精神的なものについての議論は、いまもってまったく活発には行なわれていないのです。

## 「本当の理想」を掴み出す使命

このような精神的な危機のとき、つまり価値が見失われているときにこそ、「危機と学問との関係」が問われます。すなわち、経済学や法律学、あるいは理工学のような「役立つ学問」だけではなく、日本の伝統や文化を考える学問が、本来、非常に大きな意味を持ってくるはずなのです。

ここで、そのような学問気風の先例として最初に紹介したいのが、折口信夫の議論です。折口は国学や国文学を研究することが、いかなる意味を持つのかについて、「国学の幸福」という論考（昭和十八年四月二日の講演筆記）で語っています。

ここでまず折口は、文学者の役割を次のように示します。

《文学者は何が偉いかというと、偉いと思わぬ人も多いでしょうが、亦（また）私等も其中（そのなか）には偉くないと思う人もありますが、全体からして偉い所は、世間の人が考えるより前に、世の中の事を感じる思想上の問題を持っている事です。世の中の複雑な中から、世の中が何を望んでいるかを感ずる。其（それ）を筆を持って書いていると、其筆にのって現れて来る。文学を読んで、何に益を受けるかというと、恋愛や探偵の小説ではない。つまり、今世の中がどうなって行こうとするか、どうなりたいとなって行っているか、何を欲しているか、どうなって行こうとするか、そういう事を小説を通じて感じさせて貰う。あまり偉い人がいると、あまり先が見えすいて危険です。隠居しておれと言って退けられる。優れた文学者を持つ事は、その時代の人の幸福です。その時代の人は、この文学者の為に良く訣（わか）り、初めて覚るのです》（『折口信夫全集　第二十巻』中央公論社。ただし旧字旧仮名遣いを新字新仮名に変えている）

これは講演の筆記なので、わかりにくい言い方ですが、つまり、文学の「偉い」ところは、社会や世の中が、いったいどのようなことをめざし、何を悩み、何を求めているかを、世の中に先んじて汲み上げてみせることだというのです。それはつまり、その文学作品を生み出した社会の無意識のうちにある願いや祈りや迷いなどの「精神」を、いち早く摑み出すということでもあるでしょう。

そして折口は、国学者が果たすべき役割も、それと似ていると語ります。

《国学者の場合も、やはり此（これ）と似ていて、こういう場合には文学者に任せておけない、世の中の人が煩悶し、問題にしているものを、摑まねばなりません。国学者自身が煩悶して世の中の思うている事を、文学者が文学を以て摑み出したように、そうして、古典の研究の知識の貯えと自分の心の中にある精神力と、其が現代において調和した時、文学者が文学を通じて国民の上に現れて来る問題を教えるのと同様に、我々は古典の教養を積んで、それを自分の心の動きの上に持って居て判断して行く。精神的な学問は、どれでも皆そうです。自分が教養として持っている知識を、自分の情熱の上に高めて置いて、此に知識が加ると正当な判断が出来る。亦（また）、我々の民族がどういう事を望んでいるか、どういう事をしなければならぬか、何を求め、何を問題としているかという事を知り、また此をする事が出来るのです》（前掲書）

国や社会が危機に陥っているときは、国民の無言のうちにある願いを吸い上げる役目を文学者だけに任せるわけにはいかない。学者が本気になって、世の中の人が煩悶していることを摑み出さなければいけないというのです。ただ知識として知ることが目的ではなく、その知識を、情熱や理想に向けて方向づけなければいけない。学者が理想を持っていなければ、知識は何の意味もない。むしろ、理想をめざそうとする情熱の上に、知識を乗せていく。

もちろん、情熱だけで正しい判断ができるかどうかはわかりません。しかし、知識だけでは何の役にも立たない。情熱と知識が一緒になったときに、「われわれの民族がどういうことを望んでいるのか」「世の中をどう導くか」「自分たちはどう生きるべきか」についての、正しい判断が出てくる。そう折口はいうのです。

言い換えれば、こういうことでもあるでしょう。つまり、いまの政治家は、自分の判断や自分の理想を、国民に押しつけてくる。しかし、自分だけの考えであれば、これは正しい判断ではなく、独りよがりになります。「本当の理想」は、国民全員の理想でなくてはいけない。国民一人ひとりが自分の理想だと思えるような「本当の理想」を汲み取って、それによって導かなければ、正しい判断とはいえない。それゆえ学問の使命として、「国民一人ひとりが、口には出さないけれども何を望んでいるか」をきちんと学問的に摑み出さなければならないのです。

## 日本人が何を信じ何を怖れ何を愛し何を願っていたか

もう一つの例として、柳田國男を見てみましょう。柳田國男といえば、民俗学を創始したことで知られています。柳田の学問は西洋的な「民族学」ではなく、どこまでも日本の「民俗学」でした。あくまでも日本のことを考えているのです。

彼の意識としては、民俗学とは「国民の歴史の学問」でした。帝国大学でやっていたような、史料を調べ、国の政治を辿っていくような歴史は、むしろ国の歴史の本筋ではなくて、自分がやっているような「民俗学」こそが本来の歴史だという意識を、非常に強く持っていました。

柳田は『青年と学問』に収録されている「旅行と歴史」という講演録のなかで、次のように述べています。

《我々がどうしても知らなければならぬ人間の生活、それを本当に理解して行く手段として、人が通ってきた途を元へ元へと辿って尋ねるために、この学問は我々に入用なのである。苦いにせよ甘いにせよ、こんな生活になってきたわけが何かあるはずだ。それを知る手段は歴史よりほかにはない。つまり現在の日本の社会が、すべて歴史の産物であるゆえに、歴史は我々にとって学ばねばならぬ学科である》

《文字以外の形をもって伝わっている材料が手伝わなかったら、我々の祖先の事蹟は何一つ解るものではない。（中略）その中（引用者注：文字以外の史料のなか）でも一種最も豊富にしてかつ確実なる遺物の、案外に顧みられなかったものがあった。それは何かというと人間そのもの、朽ち残った骨ではなく活きた人間の活きかたである。すなわちその人の使う言葉、おりおり現われるその人の考えと心持ちとである。今まではただ一つ一つの珍しい風習、かわった歌や物語、謎や諺、その他一括して口碑と名づけているいろいろの昔話なども、物ずきの人のきれぎれの注意を引いてはいたが、その多くを集めて比較して見るまでは、それが我々の父祖のいずれより来り、何を信じ何を怖れ何を愛し何を願っていたかという一般的の状態と、そのおいおいの変化とを諒解せしむるには足らなかったのである》（柳田國男『青年と学問』岩波文庫）

われわれの一番の目的は、普通の人間の生活を摑むことだというのです。「それを本当に理解して行く手段として、人が通ってきた途を元へ元へと辿って尋ねる」。それによって、その生活の真の意味や姿を捉えようとするのが、柳田の民俗学の一番基本的な考え方でした。たとえとても貧しい土地であろうが、その地で一生懸命に生きてきた人々がいる。あるいは、たまたま景気がよくて、楽しく暮らしている人たちもいる。苦いものであれ、甘いものであれ、そういう生活になってきたのには必ず理由があるはずであり、必ず隠された意味もあるはずだ。それを見つけ出す手段は、歴史より外にはないというのです。

そのために、たとえば珍しい風習、変わった歌や物語、民謡とか昔話のようなもの、あるいはことわざ、その他一括して口碑（口承で伝えられてきたもの）を集め、比較して調べることで、われわれの父祖がどこからかやって来たかがわかり、さらに「何を信じ何を怖れ何を愛し何を願っていたか」がわかるのです。

柳田が書いたものをお読みになった方はすぐにわかると思いますが、柳田國男は基本的には、文字の記録に残ってない一般人、つまり自分で記録を書かない人たちが、本当の歴史の主体だと考えていました。ですから、文字でない歴史を重視したのです。

たとえば、具体的に生活のなかで、身ぶりや手振りのような形となって残っているものや、あるいは、その土地の風習などが、いったい、いかなる意味を持っていて、どういう由来で、どのような変遷を経てきたかというようなことを調べる。

柳田は、人間がしていることは、どんな些細（ささい）なつまらないことでも、必ずそこに深い意味や訳（わけ）があると考えます。いやしくも人間のすることで、意味や理由のない事柄はないという信念が、柳田國男の学問の根底にはあります。それゆえ、そういう日常的で些細な事柄から、日本人の主体性を探りだそうとしたのです。柳田の民俗学は、非常に高い理想を持ったスケールの大きい学問であったと思います。

私自身は、国学や民俗学ではなく、日本倫理思想史を専攻してきましたが、実は日本倫理思想史と、柳田や折口の民俗学や国学とは、根本のところではまったく同じ学問です。最終的な目的は、柳田の言葉でいうところの「日本人が、何を信じ何を怖れ何を愛し何を願っていたか」を摑むことをめざしています。いいかえれば、日本人の生き方の主体性は何かを問うていたのです。もちろん、それぞれの学問で方法論は異なりますが、けれども、めざすところは同じです。

そして、このような学問は、まさに危機のときに最も必要な学問なのです。

## 「家の信仰」さえ守れば、日本は立ち直れる

では柳田國男は、日本人の主体性、すなわち、「われわれの父祖が、何を信じ何を怖れ何を愛し何を願っていたか」について、どのような事柄に注目したのでしょうか。先に引用した部分に続いて、柳田は次のように述べています。

《幸いにしてこの学風のだんだん盛んになったお蔭(かげ)に、日本人の多数の過去の心が、少しず

つ明らかになろうとしている。我々の先祖はことにその一特徴として、いまだ生まれざる子孫を愛し、その繁栄を希いその安全の計を立てた。彼らの最も怖れたのは家衰え子孫愚かにして、死後に追慕してくれる者の次第になくなって行くことであった。そうして人間らしくまた男らしく、欺かず怠らず、神と秩序とを重んじておれば、すなわち家に幸いあって後裔たる我々も永く恩恵を受けるものと信じていたのである》（柳田國男『青年と学問』岩波文庫）

　また柳田は、彼の代表作である『先祖の話』の序文において、次のように書いています。

《家の問題は自分の見るところ、死後の計画と関聯し、また霊魂の観念とも深い交渉をもっていて、国ごとにそれぞれの常識の歴史がある。理論はこれから何とでも立てられるか知らぬが、民族の年久しい慣習を無視したのでは、よかれ悪しかれ多数の同胞を、安んじて追随せしめることができない。家はどうなるか、またどうなって行くべきであるか。もしくは少なくとも現在において、どうなるのがこの人たちの心の願いであるか。それを決するためにもまず若干の事実を知っていなければならぬ。明治以来の公人はその準備作業を煩わしがって、努めてこの大きな問題を考えまいとしていたのである。文化のいかなる段階にあるを問わず、およそこれくらい空漠不徹底な独断をもって、未来に対処していた国民は珍しいといってよい。こういう時代がしばらくでも続くならば、常識の世界には記録の証拠などはないから、たちまちにして大きな忘却が始まり、以前はどうだったかを知る途が絶えて行くのである》（柳田國男「先祖の話」、『柳田國男全集〈13〉』ちくま文庫）

いま引用した『先祖の話』の序文の後半からは、危機感が濃厚に伝わってきます。明治以後のエリートたちの不作為のために、「記録の証拠などはない常識の世界＝文字の記録に残っていない一般人たち」が年久しく守り伝えてきた慣習——多数の日本人を安んじて追随させうるもの——が忘れ去られ、途絶えてしまうかもしれない。そうなれば日本人は根無し草になってしまうのではないか……。

なぜ柳田は、そのような危機感を抱かざるをえなかったのか。それは、よく知られているように、柳田がこの『先祖の話』を書きはじめたのが昭和二十年四月、あの大東亜戦争の最終盤のことだったからです。昭和十九年以降、戦地で、あるいは空襲で、膨大な日本人が死に直面することになりました。そのようなときに、自分のような研究者に何ができるのか。

『先祖の話』から、その柳田の必死の思いが伝わってきます。たとえば序文には、次のような記述もあります。

《このたびの超非常時局によって、国民の生活は底の底から引っかきまわされた。日頃は見聞することもできぬような、悲愴な痛烈な人間現象が、全国の最も静かな区域にも簇出している。その片端だけがわずかに新聞などで世の中へ伝えられ、私たちはまたそれを尋ね捜しに地方をあるいてみることもできなかった。かつては常人が口にすることをさえ畏れていた死後の世界、霊魂はあるかないかの疑問、さては生者のこれに対する心の奥の感じと考え方等々、おおよそ国民の意思と愛情とを、縦に百代にわたって繫ぎ合せていた糸筋のようなものが、突如としてすべて人生の表層に顕われ来たったのを、じっと見守っていた人もこの読者の間には多いのである。私はそれがこの書に対する関心の端緒となることを、心ひそかに期待している。故人はかくのごとく先祖というものを解していた。またかくのごとく家の未来というものを思念していたということは、決して今後もまた引き続いて、そういう物の見方をなさいという、勧告でないことは言うにも及ぶまい。ただ我々が百千年の久しきにわたって、積み重ねて来たところの経歴というものを、まるまるその痕もないよその国々と、同一視することは許されないのみならず、現にこれからさきの方案を決定するに当っても、やはり多数のそういった人たちを相手に、なるほどそうだというところまで、対談しなければすまされぬのである。それは手数だからただ何でもかでも押し付けてしまえ、盲従させろということになっては、それこそ今までの政治と格別の変りはない。人に自ら考えさせ、自ら判断させようとしなかった教育が、大きな禍根であることはもう認めている人も多かろう。しかし国民をそれぞれに賢明ならしめる道は、学問より他にないということまでは、考えていない者が政治家の中には多い。自分はそれを主張しようとするのである》（前掲書）

柳田が『先祖の話』を書きはじめた昭和二十年四月は、あの東京大空襲の直後であり、さすがにもう戦争に負けるだろうと、だいたいの人にはわかっていた時期です。これから本土決戦になるかもしれないが、いずれにせよ国は破れ、大変な混乱がくるだろう。そのようなことは、少なくとも世の中を指導している人たちには予想がついていた。

そのなかで、学者の一人として柳田は、この『先祖の話』を書いたのです。そして、ぜひ戦後の読者に読んでもらおうと考えた。空襲で家は焼かれ、若い人たちが大勢戦死し、家族が離散せざるをえない局面で、そして、敗戦のとてつもない混乱がやってきて、日本人の生活のすべてが失われてしまうような局面で、それでも日本人の生活の最後に遺さなければならない核心は何か。それを学問的に明らかにしようとしたのです。

その問いに対する、柳田の答えは「家」でした。家とは何か。それは先祖に対する信仰だと柳田はいいます。

仏壇や先祖祭や盆などといった「家の信仰」さえ守れば、戦争に負けても日本は立ち直れる。しかし、それを守るのは大変なことである。特に戦争で若い跡取りがどんどん亡くなっている状況があるので、制度を少し変えなければならない。いままでのように長男が全部継いで家のお祀りを守ることが、もしかしたらできなくなるかもしれないということを考えて、どこまでの幅で日本人は信仰を守れるかということを考えた。その願いを込めて書いたのが、『先祖の話』なのです。

このように柳田國男が日本の本当の危機に臨んで考えた、「日本人として一番大事なものは何か」「日本人の守るべき主体とは何か」などの課題を、もう一度、あらためて問うてみたい。それが本章の主題です。この柳田の問いかけは、後世の日本人に託された課題でもあり、どんどん受け継いで考えつづけなければいけないものでしょう。もちろん、私が真っ当な答えを出せる保証はありませんが、あくまで一つの考え方の手がかりとして、私の専門に沿って論じていきたいと思います。

## 日本、中国、西洋の「労働観」比較

それでは、「日本人が本当に望んでいる生き方」とは、どのようなものであったのでしょうか。

間違いなくいえることは、それはもちろん、昨日今日できあがったものではないということです。先祖代々が生活をしていく長い歴史のなかで、自ずから、言葉ではなく形づくられてきたものです。しかも、けっして単純なものではなく、いろいろな要素が混じりあっています。たとえば、信仰や道徳もその一つの部分を成しますし、世界観や人間観、自然観などといった、とにかく生活のあらゆる価値観が、すべてそこに収斂（しゅうれん）する。当然、非常に摑みにくいものだといえるでしょう。

しかも「本当に望んでいる生き方」は、文化や民族の違いによって、それぞれ、まったく違った個性を持つものでもあります。

それはたとえば、「働く」ということ一つをとってみても、よくわかります。日本人の労働観は、中国人の労働観、西洋のキリスト教徒の労働観とは、大きく異なっています。

中国人の生活の理想は、ひとことでいえば、「家族の繁栄」です。そして、繁栄をもたらすものは、具体的には金銭です。ですから、良い悪いではなくて、とにかく金銭に第一の価値があると考える。そういうはっきりとした目標を中国人は持っています。

金銭のもたらす繁栄が第一義であれば、「働く」ことはそのための手段に位置づけられます。つまり、あくまで金銭が第一義であって、「働く」ことは第二義的なものになるのです。簡単にいえば、「働かないで、お金が手に入るのであれば、わざわざ働く必要はない」ということです。

そのような思考法からは、たとえば、働いて金銭を得るのも、賭博でもうけるのも同じことだという発想が出てきます。それは中国人にとっては、けっして不道徳な考えではありません。なぜなら、働くことが目的ではなくて、金銭を得ること、欲望を満たすことが本当の目的だからです。だから、給料に見合う分以上には働かないとか、働かないでお金がもらえるならそれに越したことはないという考え方が、彼らの道徳となります。むしろ、お金にもならない仕事をしたら、おかしな奴だといわれるだけです。

では、西洋キリスト教世界では、労働について、どう考えられてきたか。ヨーロッパの伝統のなかでは、働くことは、基本的に悪い意味で捉えられていました。古代ギリシアでは、労働は卑しいものとされていました。農業は例外だったようですが、働くことが尊いという考えは、基本的にありませんでした。伝説によれば、ソクラテスが処刑された理由の一つは、若者たちに「仕事は恥ではない」という言葉を教えたためともいわれています。キリスト教の世界では、働くのは、簡単にいえば「神様から罰せられている」ことを意味するようになります。聖書には、エデンの園にいたときには人間の祖であるアダムとエヴァは働かないで食べていたと書かれています。そのような状態が理想なのです。あのときに神様の言いつけに背いて知恵の木の実を食べてしまったばかりに、「額に汗してパンを得る」つまり働かなければ食べていけないようにさせられたわけです。

だから、キリスト教徒にとって労働は試練です。神から宣告された試練をしっかりまじめに務めればどうなるか。お金が貯まります。つまり神様から見れば、お金が貯まるのは罰に対してよく反省しているからであり、お金が貯まる人は神様に褒められ、将来、救われる人だということになります。とにかく欧米のキリスト教徒は、基本的には「労働とは神から与えられた辛(つら)い試練であって、それをクリアすれば将来救われる」という考えなのです。ですから欧米では、お金をたくさん持っている人ほど偉いという考え方も生まれてくる。特に、資本主義の精神の元になったプロテスタント（新教）の一派のピューリタニズムを信仰する人々が、このような考え方を色濃く持っています。

では、日本はどうかといえば、それらとはずいぶん違っています。簡単にいうと、日本人は働くこと自体が尊いと思っているのです。働くのは、お金のためではなく、人生の修行なのだという思想さえある。これはまさに「道」の思想ですが、いまでも日本人は、心のどこかにそのような考え方を持っている。「働くこと自体に意味がある」という考え方を持っているのです。

これはやはり日本人ならではの考え方でしょう。労働観にまつわるこのような違いこそ、中国とも欧米とも違う、日本の主体的なあり方の一つだともいえます。

「働く」という世界のほとんどの人間に共通する事柄に対する観念一つをとっても、これくらい大きな違いがあります。日本人が「好きで働いているのです。働くこと自体に意味があるのですから」などと胸を張って主張しようものなら、中国人やヨーロッパ人から、「なぜ？　おかしいのではないか？」と聞かれるに違いありません。もし、それぞれの価値観をきちんと相互理解しなければ、「日本人はワーカーホリック（仕事中毒）だ」「中国人は怠け者だ」「ヨーロッパ人は時間どおり、規則どおりにしか働かない」などといった批判が巻き起こり、相互の反感が高まるだけになってしまうでしょう。

「なぜ、自分たちはそうするのか」「なぜ彼らはそうするのか」という問いに、上手く答えるのが学者の仕事です。一般の人々は、それが当たり前だと思ってやっている。多くの人々が「当たり前」だと思ってやっていることこそ、その民族なり文化の「主体性」です。

そのような「主体性」が、どのようなものなのかをしっかり摑むのが、世の中を指導すべき人の役割です。政治家や官僚や経営者たるもの、「なぜ、わが国民が、そうするのか」ということを、きちんと外国に対して説明できなければ困ります。同じように研究者も、外国人が読んで、「なぜ貴国民がそうするのかがわかった」と評価するような論文を書かなければならない。

いま事例として挙げた労働観の話でわかるように、違うもの同士を比べると、わかりやすくなります。しかも、なるべく極端に違うものと比べるのが一番よくわかります。

## 和辻哲郎が『風土』で着目したこと

では、日本人と諸外国を比較すると、何が見えてくるのか。その手がかりとして、和辻哲郎の『風土』を取りあげたいと思います。実は和辻哲郎は、私が学んできた日本倫理思想史という学問をつくった人です。

和辻哲郎の『風土』は、高校の倫理の教科書でも紹介されるほどに有名な著作です。和辻はこのなかで「風土の三つの類型」という議論を展開しますが、それを手がかりにしつつ、少しばかりデフォルメして話の材料にしたいと思います。

『風土』という書物で和辻は、人間の生活というものを捉えるにあたって、人間が生きている生活環境に着目します。すべての生物は、自らの外にある自然界からなにがしかの物質を身体に取り込み、体内でエネルギーに変え、廃棄物を排泄することを繰り返す物質交換サイクルを回すことで、生命活動を維持しています。呼吸によって酸素を取り入れて二酸化炭素を排出する、あるいは自然界から栄養を摂って活動エネルギーに変えるなどは、まさにそのサイクルです。

言い換えるならば、つまり、人間の生命活動で、周囲の「風土」と関係のないものは一つもないということになります。誰しも、皆、自然なしでは暮らせません。

ということは、人間の生活を分析すれば、必ず「風土」や「自然」との関係が見えてくるはずです。家の建て方もそうです。砂漠で家を建てるのと、日本のような湿潤の気候の地に家を建てるのとでは、まったく工法が異なります。周囲の気温や湿度によっても、家の建て方は変わるでしょう。食物の料理法もそうです。冷蔵技術や冷凍技術が発達する前は、日本のような生食文化は、大陸では考えられないことでした。日本で刺身や寿司などの文化が発展したのは、清冽（せいれつ）な水が絶えることなく、ふんだんに流れている国だからですし、周囲を海に囲まれているからでもあります。

一方、風土は当然のこととして、人間の自己形成にも大きな影響を与えます。人間は、日々の生活を送りながら、自己を形成し、自己実現していくわけですが、当然、周囲の風土が違えば、感受性から価値観まで大きな影響を受けます。単純に考えても、山村で育った子供と、大海原に面した港町で育った子供と、砂漠で育った子供とでは、やはりそれぞれに自己形成の傾向が変わるに違いないのです。

もちろん、風土の理論で一〇〇パーセント割り切れるはずはありません。これはあくまで単純化したモデルでしかありませんが、しかし、ものを考える参考にはなる。「類型論」の役割は、物事を精密に論証することではありません。極端と極端を比較することで、それぞれの違いを理解しやすくするのです。

和辻哲郎は、昭和二年（一九二七）から一年半、ドイツに留学しています。その当時のことですから、もちろん船旅で、上海、香港、シンガポール、コロンボ、アラビア海などを経る四十日ほどの旅程でした。さらに和辻はヨーロッパでも各国を旅しています。つまり、アジアモンスーン地帯から砂漠地帯を通り、さらに欧州を経巡(へめぐ)ったのです。

その経験が、和辻に大きなヒントを与えたのでしょう。『風土』で和辻は、モンスーン型、砂漠型、牧場型という三つの類型を提示しています。これはもちろん、和辻の直観的な分類です。しかし和辻は、さらに各々の土地で培われてきた思想、信仰、文化を分析し、その三類型を肉づけしていきました。

## 絶対的指導者を求める社会——「砂漠型」の発想

和辻は日本を「モンスーン型」に位置づけています。モンスーンは、雨がたくさん降るのが特徴です。その対極にあるのが「砂漠型」でしょう。比較する場合は、極端に違うものを比べたほうがわかりやすいので、まずは日本の対極にある「砂漠型」を和辻がどう分析したのかを見てみましょう。

砂漠型において「自然」は非生命、すなわち「死」を意味します。これは当然、自然を「ありがたい恵み」だと考える日本の価値観とは、まさに対極です。

もう少し具体的にいうと、生命が育たず、農耕ができる場所も限定される。こういう自然のなかでは、人間は絶対に一人では生きていけません。水も、いつでもどこでも飲めるわけではない。キャラバンを組んで砂漠を進む場合、ラクダに水を積んで、皆で大事に分けあって飲まなければなりません。そういう地では、当然、人は共同体を離れて個体としては生きていくことはできません。

そのような環境で、人間はどのように自分を形成していくのか。当然ながら、「自然」や「世界」は、自分自身が生きていくうえで「敵」になります。「外界」は戦うべき相手なのです。そのことを和辻は、他のものに対して「対抗的・戦闘的」なスタンスで主体を作りあげていくと定義します。

また、「砂漠型」の社会道徳は、共同体の鉄の規律になるといいます。裏切り者が出たら、その共同体は全部滅亡しかねない。一人が水を横取りしたら、皆が死ぬかもしれない。そのような環境下では、絶対の団結が必要となります。

また、指導者も「絶対的存在」でなければなりません。現代の日本の指導者のようにフラフラしていたら、とてもではありませんが砂漠では生き残れないでしょう。「俺についてこい」と強烈に引っ張っていかなければ、指導者など務まらない世界です。つまり、絶対的な指導者に、絶対的に服従する社会が生まれやすい環境です。

では、そのような砂漠型の土地では、神はどのような存在になるでしょうか。

神とは、その民族や文化の最高の存在ですから、必然的に、神には、民族や文化の様々な理想が投影されるはずです。

日本の場合は、「自然の力」が神になります。和魂（にぎみたま）、荒魂（あらみたま）という言葉が日本にはありますが、普段は恵みを与えてくれる自然の神々（和魂）が、時々、大変な被害をもたらす荒ぶる神（荒魂）になるわけです。

ところが砂漠では、自然は死のイメージしかありません。つまり敵であり、とても理想として仰ぐべきものとはなりません。では、何が神になるかというと、自然と戦う指導者のイメージが神格化されるのです。しかも、絶対的指導者を仰ぐべき風土ですから、神は人格を帯びることとなる。つまり、砂漠の神は「唯一絶対の人格神」という形をとる可能性が高くなるということです。さらに砂漠の神は、「命令を下し、従わない者は容赦（ようしゃ）なく殺す」という特徴を帯びることになりがちです。

## 合理的な秩序を作りあげる創造者――「牧場型」の発想

では、ヨーロッパなどの「牧場型」では、どうなるでしょうか。

同じように自然を比べてみますと、ヨーロッパの自然は、実は非常に穏やかです。しょっちゅう豪雨が降るわけでもなければ、地震や台風のような激甚な自然災害が頻発するわけでもない。当然、敵などではありません。むしろ、従順で扱いやすい自然です。でたらめではなく、調和がとれ、きちんと法則にかなっているように見える。それゆえ、人間には自然が合理的なものに映る。だからヨーロッパでは、自然のなかに法則的な秩序が発見しやすく、自然科学も発展しやすい。

そのような社会では、人間は自然に対して支配者として振る舞うようになる、と和辻は述べます。自然は人間の下僕（げぼく）であり、人間が主人である。そういう精神風土のなかで自己形成することになる。ヨーロッパ人とつきあいのある方は、思い当たる節があるでしょうが、彼らは「牛や豚は人間に食べられるために生まれてきた」などと平然といってのけることがあります。

また、穏やかな自然のなかでは、農業が楽に行なえて、労働時間が相対的に少なくなります。ヨーロッパとアジアモンスーンの自然の一番大きな違いは、雑草の生え方が全然違うということでしょう。アジアでは、放っておくとどんどん雑草だらけになる。一方、ヨーロッパは芝草がどこまでも続くような草原になる。ほどほどの降雨量、ほどほどの気温だからそのようになるのです。

すると、アジアに比べてヨーロッパでは、自然に拘束される時間が少なくなります。人間は自然の束縛から離れて、人間中心的な文化を生み出していくことができる。当然ますます、人工の技術によって自然を征服するという発想が生まれてきやすくなります。もともと自然が弱いから、征服するという発想が出てくるのです。

近代になり、科学技術を身につけて相対的に強い力を手に入れたヨーロッパ諸国は、アフリカやアジアを侵略し、どんどん植民地にしていきますが、おそらく、自然を屈服させるのと、他国を屈服させて植民地にするのとは、同根の発想から生まれてきたのではないでしょうか。

では、ヨーロッパの神様はどういう特徴を持っているか。

ご存じのように、ヨーロッパの多くの人々が信仰するキリスト教の神様は、もともとは現在のイスラエルの地、すなわち「砂漠型」の社会に由来します。ですから、もともとが人格的な唯一神です。

しかし、その神がヨーロッパに根づくと、ヨーロッパ的な変化が起こってきます。砂漠の神は命令する、恐ろしい神だったのですが、ヨーロッパでは、合理的で法則的な秩序を作りあげた絶対者というイメージが強くなる。理性的で、世界をきちんと法則的に作りあげた創造神としてのイメージが前面に押し出されるようになります。

## 「複雑さ」が日本文明のキーワード

そのような他者と比較した場合、日本はどうでしょうか。

先ほど述べたように、日本はモンスーン型のアジアの類型に属します。モンスーン型の自然の特徴は、ひと言でいえば「高温多湿」です。夏は高温で、湿度も高いので、植物が旺盛に成育する。つまり生命を繁殖させるのに非常に適した環境です。しかし、その反面、時々、人間の力では到底、対抗不可能な暴威を振るう。台風や豪雨などが典型的です。そのような二面性が、モンスーン型の特色です。

では二面性を持っている自然のなかで生きていく人間は、どのような自己形成を果たすのか。自然のありがたい側面については、感謝して受け容れる。まさに「受容的」です。自然は基本的には生命を育んでくれるものであり、敵ではなく、尊崇の対象です。しかし一方で、その自然は時に暴威を振るう。もはや逆らっても無駄ですから、人間はそのような自然には逆らわず、じっと耐え忍ぶ。つまり「忍従的」になります。

この「受容的」と「忍従的」という二面性が、アジアモンスーンの人々の基本性格だと和辻は考えます。

とはいえ実は、同じモンスーン型でもインドと中国と日本とでは類型が異なります。インドは極端で、雨季と乾季があるので雨ばかり降るか、乾くかの非常に極端なモンスーンです。一方、中国の場合は西へ行けば、遊牧をするような平原になったり、砂漠になったりする。その意味では、モンスーン地帯は限られていて、様々な要素がない交ぜになっている。「受容的」と「忍従的」の二面性についても、雨季と乾季のはっきり分かれたインドの場合は、受容も忍従も極端に振れますから、最終的には人間が意志を働かせることができる領域が少なくなります。和辻はこれを「意力の弛緩（しかん）」と称します。

一方、中国は草原や砂漠が混じるので、それぞれの性格が少しずつ入ってきます。すると、「受容」と「忍従」も、むしろ「面従腹背（めんじゅうふくはい）」になる。命令を聞いているようなふりをして、腹のなかでは従わない。身内以外、つまり自然の良い部分である血がつながっている身内以外に対しては、我慢して従っているだけで、心の底からは従わない。だから国家や社会に、心の底から従うという観念はなかなか生じないことになります。

インドや中国と比べると、日本は非常に複雑なモンスーンです。インドのような熱帯モンスーンでは雨季と乾季がはっきり分かれますが、日本の場合は、恵みと暴威が必ずしも規則的には来ません。複雑に入り乱れていて、しかも激しい災害も訪れる。季節外れの台風が来ることもある。冬でも突然大雨が降ったりする。雷も突然に鳴り出す。しかし、激しいけれども、常に一過性です。突発的に来て、すぐ過ぎ去ってしまう。まさに、日本の自然は複雑です。この「複雑さ」が、日本文明の一つのキーワードにもなるのです。

和辻はそのような風土で培われた日本の精神性について、「しめやかな激情」や「戦闘的恬淡（てんたん）」などの微妙な表現を用います。そもそもが複雑なあり方を表現しているので、いささかわかりにくい言い方になっています。とてもやさしい情緒を持っているのに、突然カッとなることがある。あるいは、ものすごく戦闘的で強いのに、突然あきらめてしまうことがある。そういう突発的、一過的な変動の仕方を説明する言葉です。

しかしある意味で、このような言葉に、日本人の自己形成の特徴がうまくいいあらわされてもいます。要するに、ひと言でいってしまえば、日本人の自己形成は、単純ではない、複雑だということです。

日本人の複雑さは、やはり日本の自然の姿に似ています。それはけっして、命令的であったり、理性的であったりする自然ではありません。むしろ、感情的ともいいうるような自然です。感情というものは、突然泣いていたと思ったら、急に笑い出したりというように、千変万化します。

変化に富んで、複雑な日本の自然に対し、人間もまたその複雑さを受け容れる。複雑さに耐えるために、複雑な自己形成をしていくのです。

## 「もののあわれを知る人」が理想——日本的な発想

このように複雑で変化に富む自然が育む日本の世界観のなかで、神はどのようなイメージになるでしょうか。やはり、日本の神は基本的に、複雑な自然そのもののイメージになります。晴天だったり、雨だったり、雪だったり、霧だったり、風だったり、雷だったり、天気は様々な表情をとります。穏やかな海が時に荒々しい表情に一変し、不動の大地も突然に震動し、静かな山が噴火する。自然は特定の決まった形を持たず、単純に割り切れるものとしては捉えられません。

しかし基本的には、日本人にとって自然はありがたいものであり、かつ強いものです。しかも、日本ではどこでも草木が生い茂ることが象徴するように、自然は「あらゆる事物に浸透する生命力」でもあります。

だから日本の神様は、様々な形、いろいろな姿を持つようになります。ひと言でいえば

「八百万（やおよろず）」ということです。

なぜ日本では、キリスト教やイスラム教などの一神教ではなく、八百万の神々（さらに仏たち）を信仰する多神教的な感性が根づいてきたのか。そこには、日本の風土や伝統、生活のあり方、自己形成の仕方が反映しているのです。

信仰のあり方が違うということは、人々がめざす理想の人格や指導者像が異なるということでもあります。

砂漠の場合、理想の人間像は「絶対的独裁者」です。そうでなければ治まらないし、かえって危機を招いてしまう。そのような指導者像を前提にした場合、理想的な人間が持つべき一番大事なものは、「意志と力」です。

ヨーロッパの場合はどうか。ヨーロッパの神のイメージから推測すれば、結局、法則を認識して合理的に行動する理性的な存在が、理想の人物像になるでしょう。砂漠型を「意志と力」だとすれば、ヨーロッパは「知と合理性」の世界です。

では、日本はどうか。これも神のあり方から類推すればわかります。千変万化で感情的で複雑微妙な存在が神のイメージですから、人物像の理想も「豊かで深い情」を持つ人物になる。本居宣長の表現を借りるなら、「もののあわれを知る人」ということになるでしょう。

もちろん日本でも、「意志と力」や「知と合理性」は大切です。しかし、それ以上に何が一番大事かといえば、「豊かで深い情」なのです。

感情が豊かで深い「もののあわれを知る人」は、複雑な事物を複雑なままに、あるがままに認識できる力を持ちます。事物の奥行きや細かなひだといった、いわくいいがたいものがわかるからこそ、ちょっとしたことにも感動できる。さらにいえば、他者の気持ちや、物事の些細な機微もよくわかり、気配りもできる。

そのような「豊かで深い心」とは、ひと言でいえば「まごころ」です。「まごころのある人」が、日本では理想的な人格だとされてきたのです。

昔の日本人の言葉には、「情理をわきまえる」という表現もあります。単純に理屈だけで割り切るのではなくて、理屈に情を添えるのが立派な人間のあり方だ、という考え方です。

## 皇室とサザエさん

「情の力」を重んじ、「情理をわきまえる」ことを理想としてきた日本人にとって、生きていくうえで一番大切なことは何だったか。それは、力や欲望を追求したり、知や合理性を追求することではなかった。日本人の生活の目標は、「情」を満足させることにあったのではないでしょうか。

もちろん、「欲」も満たさなければいけません。「道理」もきちんと押さえる必要はある。けれども日本人が理想としてきたのは、やはり心安らぐような、深い「情」の満たされる生活であったのです。

そのような心安らかな生活のことを、懐かしい日本の言葉で「ささやかな幸せ」といいました。この「ささやかな幸せ」は、「知や合理性」の追求によって手に入るものではありません。理屈にあっている生活とは違うものです。また、あくなき欲望の追求なら、「ささやか」であるはずがありません。あくなき欲望を追求したら、「ささやか」どころか、「多ければ多いほどいい」ということになってしまいます。

「ささやかな幸せ」は、「理にかなう」とか、「欲が満たされる」とはちょっと違うニュアンスを持っています。別の言い方をすれば、「何はなくとも楽しいわが家」という感覚です。

普通の日本人にとって一番大事な生活とは、本居宣長の言葉を借りるならば、「ほどほどにあるべきかぎりのわざをして、穏しく楽しく世をわたらふ」（『直毘霊』）生活ではないでしょうか。この「ほどほどにあるべきかぎり」「穏しく楽しく」というあり方は、およそ物質的快楽でもなければ、道理にかなった知的な喜びでもない。「穏やかで楽しい」というイメージは、やはり、心や情が満たされている喜びに結びつくものでしょう。

では、この「ほどほどにあるべきかぎり」「穏しく楽しく」というイメージは、現代的に表現するなら、どうなるか。私は、おそらくアニメ『サザエさん』が描くような生活によく現われているのではないかと思います。

アニメの『サザエさん』の世界は贅沢（ぜいたく）を求めている生活ではありません。大恋愛が始まるようなドラマティックな生活でもない。欲望や名声とも、男子一生の大事業などといったものとも関係ない。まったく平平凡凡です。

では、『サザエさん』の世界の喜びは何かといえば、まさに「ささやかな幸せ」です。皆でお互いのことを思いあいながら一緒の時間を過ごし、ちゃぶ台を囲んでご飯を食べながら笑ったりする。そのような姿が、おそらく日本人の生活で「ささやかな幸せ」と呼ばれているものの核心部分ではないでしょうか。

幕末の国学者に、橘曙覧（たちばなあけみ）（文化九年～慶応四年、一八一二～六八）という人物がいました。彼の歌集『志濃夫廼舎歌集（しのぶのやかしゅう）』に、「独楽吟（どくらくぎん）」と題した一連の和歌があります。生活のなかの楽しみを詠った、「たのしみは」で始まる五十二首の歌です。そのなかには、こんなものがあります。

《たのしみは妻子むつまじくうちつどひ　頭ならべて物をくふ時
たのしみはまれに魚煮て児等皆が　うましうましといひて食ふ時
たのしみは家内五人五たりが　風だにひかでありあへる時
たのしみは三人の児どもすくすくと　大きくなれる姿みる時》
（橘曙覧著、水島直文、橋本政宣編注『橘曙覧全歌集』岩波文庫）

『サザエさん』の世界をそのまま言い取ったような和歌だと思うのですが、いかがでしょうか。「ささやかな幸せ」の本質は、この曙覧の和歌に見られるような、家族皆が心を通わせあい、睦みあうあり方、いわゆる「一家団欒」にあるといえるでしょう。

そしてそれこそが、日本人の生活において、何をおいても守りたい「最後の一線」だったのではないでしょうか。

そのような「共に居ること」「心を通わせること」「絆」などの価値観を大事にするという基本姿勢を、われわれが自覚し護持していくことが、日本人の共同体の倫理であり、人倫なのです。おじいちゃん、おばあちゃん、若い夫婦、孫たちがコタツを囲んで談笑している光景。アニメの『サザエさん』や『ちびまる子ちゃん』の基本的な絵柄となっているこの光景は、日本の家庭生活の幸福のシンボルだということができるでしょう。

そして、私はいつも思うのですが、この和気藹々（わきあいあい）の団欒の光景を、まさに「象徴」としてあらわしているのは、皇室カレンダーの一月の情景、すなわち両陛下を中心に、皇族方が一つのテーブルを囲んでいるお姿ではないでしょうか。

功利主義損得哲学がますます幅を利かせるようになった戦後の日本において、古くから多数の日本人が受け継いできた「穏しく楽しく」「心を通わせる」「団欒」などの倫理を、象徴的に体現され、伝えてこられたのが日本の皇室です。

天皇はどこかの国の元首のように、人を集めてマスゲームをやらせるような存在ではない。金にあかせて贅沢三昧の生活を送るような存在でもない。ただひたすらに国民の幸せを祈るとともに、ご自身も、「穏しく楽しく」暮らすお姿、「心を通わせる団欒」の精神を示そうとされています。

陛下、皇室のこのようなあり方が、まさに「日本国民統合」を、目に見える形で「象徴」しているのです。そしてそのようなお姿に、日本人のごく普通の、声なき大多数の「理想」が表現されているのです。

## 武士たちの「死の覚悟」の基底にあるもの

そして、そのような「家族の団欒」像や「共に居ること」「心を通わせること」を大切にする倫理観は、実は日本人の祖先崇拝という宗教のあり方とも密接に関係するものです。

何より、家族団欒を実現するためには、まず家がなくてはなりません。そしてそれは、先祖代々のつながりから子々孫々へとつながっていく家の歴史と祭祀のなかでこそ、自分の生と死の平安が保障されると考えてきたという、柳田國男がとらえた「日本人として一番大事なもの」ともつながっていくのです。

『先祖の話』のなかで柳田は、現在の非常の時局のなかで「目ざましく発露した国民の精神力、ことに生死を超越した殉国の至情」には、日本人が長年にわたって培ってきた社会制度、特にそれを支える「常民の常識」が、大きな隠れた働きをしていると説いています。そのうえで柳田は、「人を甘んじて邦家（ほうか）のために死なしめる道徳に、信仰の基底がなかったということは考えられない」と述べています。そして、盆や先祖祭などを例に挙げながら、日本人の死生観の基底にある信仰を次のように整理しています。

《私などの考えていることは、先祖に対するやさしいまた懇ろ(ねんご)な態度というものが、もとは各自の先祖になるという心掛けを基底としていた。子孫後裔(こうえい)を死後にも守護したい、家を永遠に取り続くことができるように計画しておきたいという念慮が、実は家督(かとく)という制度には具現せられているのであった》

《私がこの本の中で力を入れて説きたいと思う一つの点は、日本人の死後の観念、すなわち霊は永久にこの国土のうちに留まって、そう遠方へは行ってしまわないという信仰が、おそらくは世の始めから、少なくとも今日まで、かなり根強くまだ持ち続けられているということである》

《日本人の多数が、もとは死後の世界を近く親しく、何かその消息に通じているような気持を、抱いていたということには幾つもの理由が挙げられる。（中略）第一には死してもこの国の中に、霊は留まって遠くへは行かぬと思ったこと、第二には顕幽二界の交通が繁く、単に春秋の定期の祭だけでなしに、いずれか一方のみの心ざしによって、招き招かるることがさまで困難でないように思っていたこと、第三には生人の今わの時の念願が、死後には必ず達成するものと思っていたことで、これによって子孫のためにいろいろの計画を立てたのみか、さらにふたたび三たび生まれ代って、同じ事業を続けられるもののごとく、思った者の

多かったというのが第四である》
《空と海とはただ一続きの広い通路であり、霊はその間を自由に去来したのでもあろうが、それでもなおこの国土を離れ去って、遠く渡って行こうという蓬萊の島を、まだ我々はよそにもってはいなかった。一言葉でいうならば、それはどこまでもこの国を愛していたからであろうと思う》(柳田國男「先祖の話」、『柳田國男全集〈13〉』ちくま文庫)

本書では何度も、『葉隠』の「武士道と云ハ死ヌ事と見付たり」という言葉を引いてきました。また、武士たちが心がけていた「死の観念修行」なども紹介しました。日本の武士たちが「死」を想うとき、彼らの心の内には、柳田が摑み出した「日本人の家をめぐる信仰」があったことを知るべきでしょう。

「子孫後裔を死後にも守護したい、家を永遠に取り続くことができるように計画しておきたい」と心から願っていた。「霊は永久にこの国土のうちに留まって、そう遠方へは行ってしまわない」と信じていた。「死後の世界を近く親しく」感じていた。「今わの時の念願が、死後には必ず達成するもの」と思っていた——。

そのような先祖や子孫につながる死生観に立脚しているからこそ、さらにいえば、その背後にある「ささやかな幸せ」「穏しく楽しく」「団欒」「共に居ること」などを大切にする倫理観に立脚しているからこそ、武士たちは「死」を覚悟することができたのです。それは、「やさしき武士」像の根幹にも関わる倫理観でもあります。

愛するものを断ち切り、死を覚悟しておくことこそが「武士たちが理想とする強さ」の大元になっていたことは、これまでの章で述べてきたとおりです。

武士たちがめざした「真の強さ」、言葉を変えていうなら、日本人がめざしていた「人間としての強さ」の基底には、まさに家族や仲間を愛し、心を通わせあうことを尊ぶ倫理観と理想とがあったのです。

# あとがき

柳田國男は、どんな国にも、羽織袴やフロックコートを着た人々の背後に、「三分の二、五分の四ばかりの只の人、不断着で働いている人がある」と述べ、そういった人々が「感情が豊富で美醜善悪の判別に鋭敏に、かつ物わかりの早い」ことが、わが国の誇るべき一大特色であると述べている（柳田國男『青年と学問』岩波文庫）。本書は、「武士道」を導きの糸として、そうした「三分の二、五分の四」の人々の道徳観や生活の理想に光をあてようとする試みである。

もちろん、戦闘者の道徳である武士道の教えを、直ちに日本人の大多数の理想と重ねあわせることはできない。しかし、武士は、かつての日本の大多数の生活者と同様、日本の風土に根ざした「家」を生活の基盤としていた。自己の最も大切な存在基盤を共有しているかぎりにおいて、武士たちの理想は、究極のところで、「三分の二、五分の四」の日本人の理想と一致するといえるだろう。

武士たちが最終的に守ろうとしたものは、多数の日本人にとってもまた、守るべき本当に大切なものであったはずである。

本書がとりあげた道徳や理想は、聖人君子の践み行なった「道」や、考え抜かれた先哲の思想とはほど遠い、いわば生活感情のレベルにとどまるものであり、見ようによっては月並みで安っぽい思想にすぎないかもしれない。とはいえそれらは、いずれ突きつめていくにせよ、克服していくにせよ、我々が倫理についての思索を深めていく際に、どうしても踏まえざるをえない伝統的な知恵の一つであることにまちがいはない。本書が、日本人としての自分自身を捉え直す、一つの手がかりとなれば幸いである。

本書の第一～三章、および第六章は、筆者がここ何年かのあいだに講演などで折にふれて語ってきたことを、元ＰＨＰ研究所新書編集部の川上達史氏（現イマジニア）が、配布したレジュメや資料などをもとにまとめ直してくださったものが原型となっています。断片的な談話記録や、梗概のレジュメを、小見出しをつけながら一つのストーリーにまとめてくださった川上氏には、心より感謝申し上げます。また、第四章、五章は、既発表のエッセーを、全体の構成にあわせて手直ししたもので、原題と発表誌は、次の通りです。

第四章　『朝倉宗滴話記』の思想――戦闘者の「顔」（『波涛』二〇〇七年九月号）
第五章　商人道と武士道――賤しいビジネス 品のあるビジネス（『エコノミスト』二〇〇六年四月二十五日号）
武士道の敵は「司馬遼太郎」（『Ｖｏｉｃｅ』二〇〇八年三月号）

（注）引用文中には、現代では差別的表現とされるものも含まれますが、原書の歴史的時代的背景を考慮し、そのまま引用しています。ご了承下さい。

PHP INTERFACE
https://www.php.co.jp/

菅野覚明［かんの・かくみょう］

1956年生まれ。1979年、東京大学文学部倫理学科卒業。同大学院博士課程単位取得退学。専攻は日本倫理思想史、倫理学。東京大学大学院人文社会系研究科教授、皇學館大学教授を歴任。現在、皇學館大学特別招聘教授、東京大学名誉教授。主な著書に『本居宣長』（ぺりかん社）、『詩と国家』（勁草書房）、『武士道の逆襲』『神道の逆襲』（以上、講談社現代新書）、『武士道に学ぶ』（日本武道館）、『新校訂　全訳注　葉隠』（共訳・注、講談社学術文庫）などがある。

本当の武士道とは何か
日本人の理想と倫理

PHP新書　1207

二〇一九年十二月二十七日　第一版第一刷

著者——菅野覚明
発行者——後藤淳一
発行所——株式会社PHP研究所
東京本部——〒135-8137 江東区豊洲5-6-52
第一制作部PHP新書課　☎03-3520-9615（編集）
普及部　☎03-3520-9630（販売）
京都本部——〒601-8411 京都市南区西九条北ノ内町11
組版——有限会社メディアネット
装幀者——芦澤泰偉＋児崎雅淑
印刷所
製本所——図書印刷株式会社

©Kanno Kakumyo 2019 Printed in Japan
ISBN978-4-569-84561-6
※本書の無断複製（コピー・スキャン・デジタル化等）は著作権法で認められた場合を除き、禁じられています。また、本書を代行業者等に依頼してスキャンやデジタル化することは、いかなる場合でも認められておりません。
※落丁・乱丁本の場合は、弊社制作管理部（☎03-3520-9626）へご連絡ください。送料は弊社負担にて、お取り替えいたします。

# PHP新書刊行にあたって

「繁栄を通じて平和と幸福を」（PEACE and HAPPINESS through PROSPERITY）の願いのもと、PHP研究所が創設されて今年で五十周年を迎えます。その歩みは、日本人が先の戦争を乗り越え、並々ならぬ努力を続けて、今日の繁栄を築き上げてきた軌跡に重なります。

しかし、平和で豊かな生活を手にした現在、多くの日本人は、自分が何のために生きているのか、どのように生きていきたいのかを、見失いつつあるように思われます。そして、その間にも、日本国内や世界のみならず地球規模での大きな変化が日々生起し、解決すべき問題となって私たちのもとに押し寄せてきます。

このような時代に人生の確かな価値を見出し、生きる喜びに満ちあふれた社会を実現するために、いま何が求められているのでしょうか。それは、先達が培ってきた知恵を紡ぎ直すこと、その上で自分たち一人一人がおかれた現実と進むべき未来について丹念に考えていくこと以外にはありません。

その営みは、単なる知識に終わらない深い思索へ、そしてよく生きるための哲学への旅でもあります。弊所が創設五十周年を迎えましたのを機に、PHP新書を創刊し、この新たな旅を読者と共に歩んでいきたいと思っています。多くの読者の共感と支援を心よりお願いいたします。

一九九六年十月

PHP研究所

## PHP新書

［歴史］

061 なぜ国家は衰亡するのか　中西輝政
286 歴史学ってなんだ？　小田中直樹
505 旧皇族が語る天皇の日本史　竹田恒泰
591 対論・異色昭和史　鶴見俊輔／上坂冬子
663 日本人として知っておきたい近代史［明治篇］　中西輝政
734 謎解き「張作霖爆殺事件」　加藤康男
738 アメリカが畏怖した日本　渡部昇一
748 詳説〈統帥綱領〉　柘植久慶
755 日本人はなぜ日本のことを知らないのか　竹田恒泰
761 真田三代　平山　優
776 はじめてのノモンハン事件　森山康平
784 日本古代史を科学する　中田　力
791 『古事記』と壬申の乱　関　裕二
848 院政とは何だったか　岡野友彦
865 徳川某重大事件　徳川宗英
903 アジアを救った近代日本史講義　渡辺利夫
922 木材・石炭・シェールガス　石井　彰
943 科学者が読み解く日本建国史　中田　力
968 古代史の謎は「海路」で解ける　長野正孝
1001 日中関係史　岡本隆司
1012 古代史の謎は「鉄」で解ける　長野正孝
1015 徳川がみた「真田丸の真相」　徳川宗英
1028 歴史の謎は透視技術「ミュオグラフィ」で解ける　田中宏幸／大城道則
1037 なぜ二宮尊徳に学ぶ人は成功するのか　松沢成文
1057 なぜ会津は希代の雄藩になったか　中村彰彦
1061 江戸はスゴイ　堀口茉純
1064 真田信之　父の知略に勝った決断力　平山　優
1071 国際法で読み解く世界史の真実　倉山　満
1074 龍馬の「八策」　松浦光修
1075 誰が天照大神を女神に変えたのか　武光　誠
1077 三笠宮と東條英機暗殺計画　加藤康男
1085 新渡戸稲造はなぜ『武士道』を書いたのか　草原克豪
1086 日本にしかない「商いの心」の謎を解く　呉　善花
1096 名刀に挑む　松田次泰
1097 戦国武将の病が歴史を動かした　若林利光
1104 一九四五　占守島の真実　相原秀起
1107 ついに「愛国心」のタブーから解き放たれる日本人　ケント・ギルバート
1108 コミンテルンの謀略と日本の敗戦　江崎道朗

1111 北条氏康 関東に王道楽土を築いた男　伊東 潤／板嶋常明
1115 古代の技術を知れば、『日本書紀』の謎が解ける　長野正孝
1116 国際法で読み解く戦後史の真実　倉山 満
1118 歴史の勉強法　山本博文
1121 明治維新で変わらなかった日本の核心　猪瀬直樹／磯田道史
1123 天皇は本当にただの象徴に堕ちたのか　竹田恒泰
1129 物流は世界史をどう変えたのか　玉木俊明
1130 なぜ日本だけが中国の呪縛から逃れられたのか　石 平
1138 吉原はスゴイ　堀口茉純
1141 福沢諭吉　しなやかな日本精神　小浜逸郎
1142 卑弥呼以前の倭国五〇〇年　大平 裕
1152 日本占領と「敗戦革命」の危機　江崎道朗
1160 明治天皇の世界史　倉山 満
1167 吉田松陰『孫子評註』を読む　森田吉彦
1168 特攻　知られざる内幕　戸髙一成［編］
1176 「縄文」の新常識を知れば 日本の謎が解ける　関 裕二
1177 「親日派」朝鮮人　消された歴史　拳骨拓史
1178 歌舞伎はスゴイ　堀口茉純
1181 日本の民主主義はなぜ世界一長く続いているのか　竹田恒泰
1185 戦略で読み解く日本合戦史　海上知明
1192 中国をつくった12人の悪党たち　石 平
1194 太平洋戦争の新常識　歴史街道編集部［編］
1197 朝鮮戦争と日本・台湾「侵略」工作　江崎道朗
1199 関ヶ原合戦は「作り話」だったのか　渡邊大門

**［政治・外交］**

318・319 憲法で読むアメリカ史（上・下）　阿川尚之
426 日本人としてこれだけは知っておきたいこと　中西輝政
745 官僚の責任　古賀茂明
746 ほんとうは強い日本　田母神俊雄
807 ほんとうは危ない日本　田母神俊雄
826 迫りくる日中冷戦の時代　中西輝政
841 日本の「情報と外交」　孫崎 享
874 憲法問題　伊藤 真
881 官房長官を見れば政権の実力がわかる　菊池正史
891 利権の復活　古賀茂明
893 語られざる中国の結末　宮家邦彦
898 なぜ中国から離れると日本はうまくいくのか　石 平
920 テレビが伝えない憲法の話　木村草太

931 中国の大問題　丹羽宇一郎
954 哀しき半島国家 韓国の結末　宮家邦彦
964 中国外交の大失敗　中西輝政
965 アメリカはイスラム国に勝てない　宮田 律
967 新・台湾の主張　李 登輝
972 安倍政権は本当に強いのか　御厨 貴
979 なぜ中国は覇権の妄想をやめられないのか　石 平
982 戦後リベラルの終焉　池田信夫
986 こんなに脆い中国共産党　日暮高則
988 従属国家論　佐伯啓思
989 東アジアの軍事情勢はこれからどうなるのか　能勢伸之
993 中国は腹の底で日本をどう思っているのか　富坂 聰
999 国を守る責任　折木良一
1000 アメリカの戦争責任　竹田恒泰
1005 ほんとうは共産党が嫌いな中国人　宇田川敬介
1008 護憲派メディアの何が気持ち悪いのか　潮 匡人
1014 優しいサヨクの復活　島田雅彦
1019 愛国ってなんだ　民族・郷土・戦争　古谷経衡［著］／奥田愛基［対談者］
1024 ヨーロッパから民主主義が消える　川口マーン惠美
1031 中東複合危機から第三次世界大戦へ　山内昌之
1042 だれが沖縄を殺すのか　ロバート・D・エルドリッヂ
1043 なぜ韓国外交は日本に敗れたのか　武貞秀士
1045 世界に負けない日本　薮中三十二
1058 「強すぎる自民党」の病理　池田信夫
1060 イギリス解体、EU崩落、ロシア台頭　岡部 伸
1066 習近平はいったい何を考えているのか　丹羽宇一郎
1076 日本人として知っておきたい「世界激変」の行方　中西輝政
1082 日本の政治報道はなぜ「嘘八百」なのか　潮 匡人
1083 なぜローマ法王は世界を動かせるのか　徳安 茂
1089 イスラム唯一の希望の国 日本　宮田 律
1090 返還交渉 沖縄・北方領土の「光と影」　東郷和彦
1122 強硬外交を反省する中国　宮本雄二
1124 チベット 自由への闘い　櫻井よしこ
1135 リベラルの毒に侵された日米の憂鬱　ケント・ギルバート
1137 「官僚とマスコミ」は嘘ばかり　髙橋洋一
1153 日本転覆テロの怖すぎる手口　兵頭二十八
1157 二〇二五年、日中企業格差　近藤大介
1169 韓国壊乱　櫻井よしこ／洪 熒
1180 プーチン幻想　グレンコ・アンドリー
1188 シミュレーション日本降伏　北村 淳
1189 ウイグル人に何が起きているのか　福島香織
1196 イギリスの失敗　岡部 伸

［**社会・教育**］

117 社会的ジレンマ　山岸俊男
335 NPOという生き方　島田 恒
418 女性の品格　坂東眞理子
495 親の品格　坂東眞理子
504 生活保護vsワーキングプア　大山典宏
522 プロ法律家のクレーマー対応術　横山雅文
537 ネットいじめ　荻上チキ
546 本質を見抜く力——環境・食料・エネルギー　養老孟司／竹村公太郎
586 理系バカと文系バカ　竹内 薫［著］／嵯峨野功一［構成］
602 「勉強しろ」と言わずに子供を勉強させる法　小林公夫
618 世界一幸福な国デンマークの暮らし方　千葉忠夫
621 コミュニケーション力を引き出す　平田オリザ／蓮行
629 テレビは見てはいけない　苫米地英人
632 あの演説はなぜ人を動かしたのか　川上徹也
681 スウェーデンはなぜ強いのか　北岡孝義
692 女性の幸福［仕事編］　坂東眞理子
706 日本はスウェーデンになるべきか　高岡 望
720 格差と貧困のないデンマーク　千葉忠夫
741 本物の医師になれる人、なれない人　小林公夫
780 幸せな小国オランダの智慧　紺野 登
783 原発「危険神話」の崩壊　池田信夫
786 新聞・テレビはなぜ平気で「ウソ」をつくのか　上杉 隆
789 「勉強しろ」と言わずに子供を勉強させる言葉　小林公夫
792 「日本」を捨てよ　苫米地英人
819 日本のリアル　養老孟司
823 となりの闇社会　一橋文哉
828 ハッカーの手口　岡嶋裕史
829 頼れない国でどう生きようか　加藤嘉一／古市憲寿
832 スポーツの世界は学歴社会　橘木俊詔／齋藤隆志
847 子どもの問題 いかに解決するか　岡田尊司／魚住絹代
854 女子校力　杉浦由美子
857 大津中2いじめ自殺　共同通信大阪社会部
858 中学受験に失敗しない　高濱正伸
869 若者の取扱説明書　齋藤 孝
870 しなやかな仕事術　林 文子
872 この国はなぜ被害者を守らないのか　川田龍平
875 コンクリート崩壊　溝渕利明
879 原発の正しい「やめさせ方」　石川和男
888 日本人はいつ日本が好きになったのか　竹田恒泰
896 著作権法がソーシャルメディアを殺す　城所岩生
897 生活保護vs子どもの貧困　大山典宏

909 じつは「おもてなし」がなっていない日本のホテル　桐山秀樹
915 覚えるだけの勉強をやめれば劇的に頭がよくなる　小川仁志
919 ウェブとはすなわち現実世界の未来図である　小林弘人
923 世界「比較貧困学」入門　石井光太
935 絶望のテレビ報道　安倍宏行
941 ゆとり世代の愛国心　税所篤快
950 僕たちは就職しなくてもいいのかもしれない　岡田斗司夫 FRREex
962 英語もできないノースキルの文系は これからどうすべきか　大石哲之
963 エボラvs人類 終わりなき戦い　岡田晴恵
969 進化する中国系犯罪集団　一橋文哉
974 ナショナリズムをとことん考えてみたら　春香クリスティーン
978 東京劣化　松谷明彦
981 世界に嗤われる日本の原発戦略　高嶋哲夫
987 量子コンピューターが本当にすごい　竹内 薫／丸山篤史［構成］
994 文系の壁　養老孟司
997 無電柱革命　小池百合子／松原隆一郎
1006 科学研究とデータのからくり　谷岡一郎
1022 社会を変えたい人のためのソーシャルビジネス入門　駒崎弘樹
1025 人類と地球の大問題　丹羽宇一郎
1032 なぜ疑似科学が社会を動かすのか　石川幹人
1040 世界のエリートなら誰でも知っているお洒落の本質　干場義雅
1044 現代建築のトリセツ　松葉一清
1046 ママっ子男子とバブルママ　原田曜平
1059 広島大学は世界トップ100に入れるのか　山下柚実
1065 ネコがこんなにかわいくなった理由　黒瀬奈緒子
1069 この三つの言葉で、勉強好きな子どもが育つ　齋藤 孝
1070 日本語の建築　伊東豊雄
1072 縮充する日本 「参加」が創り出す人口減少社会の希望　山崎 亮
1073 「やさしさ」過剰社会　榎本博明
1079 超ソロ社会　荒川和久
1087 羽田空港のひみつ　秋本俊二
1093 震災が起きた後で死なないために　野口 健
1098 日本の建築家はなぜ世界で愛されるのか　五十嵐太郎
1106 御社の働き方改革、ここが間違ってます！　白河桃子
1125 『週刊文春』と『週刊新潮』闘うメディアの全内幕　花田紀凱／門田隆将
1128 男性という孤独な存在　橘木俊詔
1140 「情の力」で勝つ日本　日下公人

1144 未来を読む　ジャレド・ダイアモンドほか［著］／大野和基［インタビュー・編］
1146 「都市の正義」が地方を壊す　山下祐介
1149 世界の路地裏を歩いて見つけた「憧れのニッポン」　早坂 隆
1150 いじめを生む教室　荻上チキ
1151 オウム真理教事件とは何だったのか？　一橋文哉
1154 孤独の達人　諸富祥彦
1161 貧困を救えない国 日本　阿部彩／鈴木大介
1164 ユーチューバーが消滅する未来　岡田斗司夫
1183 本当に頭のいい子を育てる 世界標準の勉強法　茂木健一郎
1190 なぜ共働きも専業もしんどいのか　中野円佳
1201 未完の資本主義　ポール・クルーグマンほか［著］／大野和基［インタビュー・編］

**［地理・文化］**

264 「国民の祝日」の由来がわかる小事典　所 功
465・466 ［決定版］京都の寺社505を歩く（上・下）　山折哲雄／槇野 修
592 日本の曖昧(あいまい)力　呉 善花
639 世界カワイイ革命　櫻井孝昌
650 奈良の寺社150を歩く　山折哲雄／槇野 修
670 発酵食品の魔法の力　小泉武夫／石毛直道［編著］
705 日本はなぜ世界でいちばん人気があるのか　竹田恒泰
757 江戸東京の寺社609を歩く 下町・東郊編　山折哲雄／槇野 修
758 江戸東京の寺社609を歩く 山の手・西郊編　山折哲雄／槇野 修
845 鎌倉の寺社122を歩く　山折哲雄／槇野 修
877 日本が好きすぎる中国人女子　櫻井孝昌
889 京都早起き案内　麻生圭子
890 反日・愛国の由来　呉 善花
934 世界遺産にされて富士山は泣いている　野口 健
936 山折哲雄の新・四国遍路　山折哲雄
948 新・世界三大料理　神山典士［著］／中村勝宏、山本豊、辻芳樹［監修］
971 中国人はつらいよ——その悲惨と悦楽　大木 康
1119 川と掘割“20の跡”を辿る江戸東京歴史散歩　岡本哲志
1182 京都の通りを歩いて愉しむ　柏井 壽
1184 現代の職人　早坂 隆

**［心理・精神医学］**

053 カウンセリング心理学入門　國分康孝
065 社会的ひきこもり　斎藤 環

103 生きていくことの意味　諸富祥彦
171 学ぶ意欲の心理学　市川伸一
304 パーソナリティ障害　岡田尊司
364 子どもの「心の病」を知る　岡田尊司
381 言いたいことが言えない人　加藤諦三
453 だれにでも「いい顔」をしてしまう人　加藤諦三
487 なぜ自信が持てないのか　根本橘夫
550 「うつ」になりやすい人　加藤諦三
583 だましの手口　西田公昭
695 大人のための精神分析入門　妙木浩之
697 統合失調症　岡田尊司
796 老後のイライラを捨てる技術　保坂 隆
825 事故がなくならない理由　芳賀 繁
862 働く人のための精神医学　岡田尊司
867 「自分はこんなもんじゃない」の心理　榎本博明
895 他人を攻撃せずにはいられない人　片田珠美
910 がんばっているのに愛されない人　加藤諦三
918 「うつ」だと感じたら他人に甘えなさい　和田秀樹
942 話が長くなるお年寄りには理由がある　増井幸恵
952 プライドが高くて迷惑な人　片田珠美
953 なぜ皮膚はかゆくなるのか　菊池 新
956 最新版「うつ」を治す　大野 裕
977 悩まずにはいられない人　加藤諦三
992 高学歴なのになぜ人とうまくいかないのか　加藤俊徳
1063 すぐ感情的になる人　片田珠美
1091 「損」を恐れるから失敗する　和田秀樹
1094 子どものための発達トレーニング　岡田尊司
1131 愛とためらいの哲学　岸見一郎
1195 子どもを攻撃せずにはいられない親　片田珠美

**［人生・エッセイ］**

263 養老孟司の〈逆さメガネ〉　養老孟司
340 使える！『徒然草』　齋藤 孝
377 上品な人、下品な人　山崎武也
507 頭がよくなるユダヤ人ジョーク集　烏賀陽正弘
600 なぜ宇宙人は地球に来ない？　松尾貴史
742 みっともない老い方　川北義則
763 気にしない技術　香山リカ
827 直感力　羽生善治
859 みっともないお金の使い方　川北義則
873 死後のプロデュース　金子稚子
885 年金に頼らない生き方　布施克彦
900 相続はふつうの家庭が一番もめる　曽根恵子
930 新版 親ができるのは「ほんの少しばかり」のこと　山田太一

938 東大卒プロゲーマー ときど
946 いっしょうけんめい「働かない」社会をつくる 海老原嗣生
960 10年たっても色褪せない旅の書き方 轡田隆史
966 オーシャントラウトと塩昆布 和久田哲也
1017 人生という作文 下重暁子
1055 なぜ世界の隅々で日本人がこんなに感謝されているのか 布施克彦／大賀敏子
1067 実践・快老生活 渡部昇一
1112 95歳まで生きるのは幸せですか？ 池上 彰／瀬戸内寂聴
1132 半分生きて、半分死んでいる 養老孟司
1134 逃げる力 百田尚樹
1147 会社人生、五十路の壁 江上 剛
1148 なにもできない夫が、妻を亡くしたら 野村克也
1158 プロ弁護士の「勝つ技法」 矢部正秋
1179 なぜ論語は「善」なのに、儒教は「悪」なのか 石 平

**［宗教］**

123 お葬式をどうするか ひろさちや
300 梅原猛の『歎異抄』入門 梅原 猛
849 禅が教える 人生の答え 枡野俊明
868 あなたのお墓は誰が守るのか 枡野俊明
955 どうせ死ぬのになぜ生きるのか 名越康文

**［思想・哲学］**

032 〈対話〉のない社会 中島義道
058 悲鳴をあげる身体 鷲田清一
086 脳死・クローン・遺伝子治療 加藤尚武
468 「人間嫌い」のルール 中島義道
856 現代語訳 西国立志編 サミュエル・スマイルズ［著］／中村正直［訳］／金谷俊一郎［現代語訳］
884 田辺元とハイデガー 合田正人
976 もてるための哲学 小川仁志
1095 日本人は死んだらどこへ行くのか 鎌田東二
1117 和辻哲郎と昭和の悲劇 小堀桂一郎
1155 中国人民解放軍 茅原郁生
1159 靖國の精神史 小堀桂一郎
1163 AI監視社会・中国の恐怖 宮崎正弘